人 | 文 | 社 | 科

高校学术研究论著丛刊

中学语文教学实践及其艺术性研究

李进祥 著

中国书籍出版社

China Book Press

图书在版编目(CIP)数据

中学语文教学实践及其艺术性研究 / 李进祥著. -- 北京：中国书籍出版社，2021.7
ISBN 978-7-5068-8621-5

Ⅰ. ①中…　Ⅱ. ①李…　Ⅲ. ①中学语文课－课堂教学－教学研究　Ⅳ. ①G633.302

中国版本图书馆 CIP 数据核字(2021)第 157583 号

中学语文教学实践及其艺术性研究

李进祥　著

丛书策划　谭　鹏　武　斌
责任编辑　毕　磊
责任印制　孙马飞　马　芝
封面设计　东方美迪
出版发行　中国书籍出版社
地　　址　北京市丰台区三路居路 97 号(邮编：100073)
电　　话　(010)52257143(总编室)　　(010)52257140(发行部)
电子邮箱　eo@chinabp.com.cn
经　　销　全国新华书店
印　　厂　三河市德贤弘印务有限公司
开　　本　710 毫米×1000 毫米　1/16
字　　数　222 千字
印　　张　14
版　　次　2022 年 7 月第 1 版
印　　次　2022 年 7 月第 1 次印刷
书　　号　ISBN 978-7-5068-8621-5
定　　价　76.00 元

目　录

第一章　中学语文教学的内涵

现代语文教学立足于现实，继承语文教学的传统经验，面向未来的发展。我国语文教学的历史悠久，有着丰富的传统经验，特别是从20世纪初语文成为一门独立学科以来，随着社会的变革、科技的发展，语文教学也在不断地前进着。不容否认，现阶段的语文教学还存在着一些不适应现实社会需要的问题，应该在语文教育观、语文教育内容和方式、方法诸方面进行改革。

第一节　语文课程概述

一、语文课程的基本性质

凡认识一个事物，必先了解其性质，进而明确其功能，从而确定对这一事物的态度。我们对教学学科的认识也自然如此，对语文课程亦如此。所以，这里我们就先来了解一下语文课程的性质。

语文课程的性质是一个老生常谈的话题，历史上出现过多次论争。但在新课程背景下，我们又该如何去认识它的性质呢？

从《语文课程标准》我们可以知道，语文是最重要的交际工具，是人类文化的重要组成部分。我们不难看出，其中的一个“交际”，一个“人类文化”，两个“重要”，明确地表现了在课程性质上的倾向性，即语文课程具有工具性和人文的性质，是工具性与人文性的统一，这些是语文课程的基本特点。另外，“是人类文化的重要组成部分”，明确表示语文本身既是文化，又是文化的载体，且传承着文化。由于语文具有工具性，并且工具对其他学科的学习具有功利作用，如帮助学习某一门功课后能增长知识，提高成绩，可见工具性具有提高语文成绩和其他学科成绩的一箭双雕的作用。因此，在语文教学中，我们除了要让语文走出课堂、走进生活外，还要有意识地将语文与其他学科联系在一起，用语文知识来解决其他学科的问题。

语文对其他学科的帮助主要表现在阅读理解能力、概括能力上，甚至还表现在书写能力上。比如在学数学时，学生的阅读能力就会对解答数学应用题起阅读分析的重要作用。虽然阅读能力和计算能力对于成功地解答应用题都起着一定的作用，但阅读能力起的作用比计算能力更大。也就是说，学生阅读能力强，他的数学成绩也会相对较好。学习其他功课时也一样，语文学好了，在其他学科的审题、归纳概括、书面表达上就会占很大优势。但是，在与其他学科联系的时候一定不要丢失了语文课的本质特征，不能将语文课上成了纯粹的思想品德课、数理化史地生等课，而是要从语文的角度（语言的理解、感悟和运用角度）去理解这些课堂内容，重在阅读理解和概括表达上就行了。

语文具有人文性，又是一门特殊的人文学科，所以，在新课程理念指导下的语文教学越来越体现出人文教育思想，越来越关注学生的情感体验。但是纯人文或重人文轻工具的语文教学，又会使语文走向虽浪漫温情却远离学生整个学业实际和人生发展实际的空中楼阁，使语文失去实用交际功能，而最终成为发泄个人情感、自娱自乐的工具，这又是不可取的。无疑，语文课程的人文性，是以教化学生为本，在当前它体现了我国素质教育的普遍性要求，涵盖了思想性、文化性、审美性、发展性、创造性等，也就是全面提高人的素养。要重视学生学习的情感态度，要重视学生的个性特征和个性差异在语文学习中的作用，要重视学生的主体作用，要重视学生的可持续学习，要重视学生的可持续发展。①

二、现代语文教学的基本概念

现代语文教学指的是从我国现实社会和未来发展的需要出发，运用现代教育观点，吸收现代科学知识和技术成果而进行的语文教学。我国

① 张鸿苓，张锐．中学语文教学[M]．北京：光明日报出版社，1987.

已进入社会主义现代化建设的新时期，经济、科技、文化都在以前所未有的速度发展着。语文教学是现代教育中的一门主要学科，它应该具有与现代社会需要相应的语文教育观、语文教学目的、教学内容和教学方式、方法。

要使语文教学得到较快的发展，必须从现代科学技术发展中吸取适合于它所需要的新鲜成果，不管这些成果是出自本国，还是出自国外。诸如，语言学的、文学的、心理学的、教育学的、方法论的，以及现代化技术手段的运用等等，这些新成果的吸收和运用，将对语文教学的过程、内容、方式方法产生重大的影响，只有这样，才能使语文教学与现代社会发展的步调相适应，在为我国社会主义现代化建设培养人才方面发挥它应有的作用。

三、中学语文学科的性质

中学语文学科的性质是指语文学科区别于其他学科的本质属性。它决定语文学科的教学目的、教学内容和教学，方法。因此，正确地认识中学语文学科的性质是中学语文教学中首要问题。

对于中学语文学科的性质，大家的认识不完全一致。这是因为在对“语文”这一概念的理解上还有争议，归纳起来，至少看以下四种：语文是语言和文学，语文是语言和文章，语文是语言和文字，语文是语言和文化。

上述几种理解各有道理。“语文二字的含义确实很丰富。问题是怎样把这几种解释统一起来，根据现实社会的要求，抓住主要的、本质的方面，给予它一个确定的含义。中学语文学科的性质究竟应该怎样理解呢？可以从下面几点去认识。

(一)一个基本属性——工具性

工具性是语文学科的基本属性。语文学科的工具性质是由语言的工具性决定的。列宁说过：“语言是人类最重要的交际工具”，斯大林也认为：“语言是手段、工具，人们利用它来彼此交际、交流思想，达到互相了解。”毛泽东也说过：“学生学会了看书、作文，那他们出校后的发展就有了常常用得着的基础工具了。”人们的日常生活、工作、学习，都离不开语文这个工具。因此，承认语文学科的工具性质，使中学生都能很好地掌握这个工具，才有利于人才的培养和发展。正如叶圣陶说的："要做到个个学生善于使用这个工具，语文教学才算对极大地提高中华民族科学文化水平尽了份内的责任，才算对实现四个现代化尽了份内的责任。"

（二）两个从属的属性——思想性、知识性

（1）思想性。语文这个工具和其他工具不同，它是人们交流思想、传达感情的工具。因此，在使用过程中有着明显的思想感情色彩。语言是思想的物质外壳，没有思想的语言是没有意义的。因此，在强调语文学科的工具性的同时，不能漠视语文学科的思想性。在语文教学的过程中，要做到工具性和思想性的统一、形式和内容的统一。过去曾有过重此轻彼或重彼轻此的现象，产生过恶劣的后果，应该引以为训。

（2）知识性。任何一门学科，如果没有特定的知识体系，就不称其为一门学科。语文这门学科的知识，具有其独立的、逻辑结构体系。除此以外，语文教学还在引导学生理解和运用语言的过程中，即听、读、说、写训练的过程中，让学生获得各种各样的知识。从大的方面说，有自然科学的、社会科学的和生活的常识。从小的方面说，有文学、文章、文字、文化等的知识。知识的丰富程度影响着语文学习的效率和水平。

（三）两个特点——综合性、社会性

（1）综合性。语文学科与其他学科比较，它的综合性很强，主要表现在下列几个方面。

语文课文——是各种思想内容、各种表达形式的综合。

语文知识——是字、词、句、篇、语言、修辞、逻辑、听、读、说、写等各种知识的综合。

语文能力——是听、读、说、写各种能力的综合。

语文训练——是各种语文知识训练和各种语文技能训练的综合。

总之，整个语文教学就是语文课文、语文知识、语文能力、语文训练的综合体。这个综合性的特点决定了语文教学的丰富多彩，为语文教师施展才能提供了机会，是学生对语文学科发生兴趣的客观基础。然而，从另一方面说，语文学科的综合特点，又造成了语文教学头绪繁多，使得

不少语文教师感到眼花缭乱，难以把握和控制，也使得许多学生感到学习语文摸不着头脑，产生消极情绪。认识到语文教学的这个特点，就可以加强自觉性，利用有利因素，克服不利因素。

(2)社会性，语言既是社会交际的工具，也是交流思想的工具。学习语言，除语文课上系统地学习以外，课外也要随时学习语言、使用语言。语文课堂教学的效果，直接影响着学生的社会交往能力；同时，也影响学生毕业后的工作成就。因此语文教学必然会受到社会的制约和检验。此外，所有的人，包括学生的家长，不论他们从事的是什么职业，都可以对语文教学评论一番，这是语文学科区别于其他学科的又一特点。

语文的社会性为学生练习语文能力提供了众多可能。语文能力是不能靠有限的语文课时培养出来的，教师必须利用课外广阔的空间和时间，有计划地指导学生开展各种语文活动，如组织看电影、听广播、调查访问，鼓励他们参加社会活动，和家人交谈等，这使学生课上学习的语文知识得到充分的运用，使语文技能得到练习，弥补课堂教学的局限和不足。当然，也要看到，语文的社会性也给语文教学带来困难，例如社会不良的语文习惯的影响、学生家长的不正确的干预等。普通话推广甚难，就是一个例子。[①]

四、中学语文教学的基本规律

中学语文教学是一门科学，它有客观的规律，编制语文教学大纲、编写语文教材要遵循这些规律，进行语文教学、处理语文教学中的各种问题也要遵循这些规律。

语文教学的基本规律，是贯穿在语文教学全过程中的，它体现教学各部分、各方面之间的联系，而不是限于语文教学的某一部分的局部规律。认识和掌握语文教学的基本规律，按照这些规律不断地改进语文教学，才能使教学沿着科学化的道路前进，才能提高教学的效率和质量。

对语文教学基本规律的认识有一个过程。自古以来，我国的许多教育家在语文的教与学的实践中总结出丰富的经验，特别是读和写方面的经验，至今仍有借鉴意义。近代语文教育家开始重视语文教学规律的探

① 于亚中，李家珍．中学语文教学概论[M]．西安：陕西人民教育出版社，1985.

讨，有几十种语文教学的理论著作，如黎锦照的《新著国语教学法》，阮真的《中学国文教学法》，叶圣陶、朱自清合著的《国文教学》等，在语文教学目的、语文教材及语文教学方式方法等方面都作了不少精辟的论述。近几年出版了十余本语文教学法专著，数量之多，水平之高，超过以往。其特点是着重从宏观上研究语文教学的基本规律。现在，被大家公认的有下列四条基本规律。

（一）听、读、说、写相辅相成的规律

第一，听、读、说、写必须全面训练，不可偏废。听、读、说、写的关系既然如此密切，在教学中就应该使这四项语文能力互相促进、协同发展。如果把这几种能力的训练割裂开来，或者顾此失彼，都是不利于语文能力发展的。

第二，在听和读训练的基础上，安排说和写的训练。听和读可以为说和写提供多方面的养料，如吸取思想观点、知识内容、表达技巧等。在听和读的训练中，不仅要让学生了解“是什么”（理解内容含义是听和读的第一目的），而且要让学生了解“怎么样”和“为什么”（理解表达方式及形式如何为内容服务是听和读的第二目的），使听、读为说、写服务，理解向表达过渡。

第三，利用读和写的训练促进听和说的训练。说和写要有听和读做基础，听和读能力差，说和写的能力也必然低。因此，经常研究说和写中的问题，提出明确的训练要求，使学生带着这些问题和要求去听、去读，从中吸取营养。这样，既提高说、写的能力，又促进听、读的能力。同时，学生还会从实践中提高听、读的兴趣。

第四，听和读的活动都是内向的，训练的效果不能直接看到，需要借助说、写活动进行测试。因此，听和说、听和写、读和说、读和写是经常联系在一起的。为测试听、读效果的说、写活动，不能单纯当作手段使用，也应该有所要求，以期在听、读训练的同时，也提高说和写的水平。

（二）语文形式和思想内容统一的规律

语文形式和思想内容统一的规律，反映了语文形式和思想内容之间的本质联系。无论是听话、说话，还是读文、写文都有语文形式和思想内容两个方面。古人在文章作法上有“文道统一”的说法，“道非文不著，文

非道不生”，精辟地道出了语文形式和思想内容互相依存的统一关系。其实，写文章是这样，阅读文章、说话、听话又何尝不是这样呢？现实中不存在只有语文形式而无思想内容，或者只有思想内容而无语文形式的听、读、说、写活动。

第一，选择文质兼美的文章编练习题，不但要注意语言，还要反映健康的内容。

第二，阅读训练过程中，分析文章应该把语文形式和思想内容统一起来。例如，在侧重分析文章的思想内容时，要从表达形式（语言、结构）入手，不能脱离表达形式，抽出几条思想来分析；在侧重分析文章的表达形式时，也不能脱离思想内容单纯讲语言如何美、结构如何好。阅读一篇文章，常常要经过从形式到内容、从内容到形式的多次反复，尽管每一步都有所侧重，但绝不能把二者割裂开来，否则是不能很好地理解文章的。听话训练和阅读训练是一样的道理，连对方说话的语音都没有把握住，怎么能理解说话的内容呢？内容不理解，即使把握住了语音也无意义。因此，在训练中也必须使二者统一起来。

第三，在说话训练和写作训练过程中，应该使学生正确地运用语文形式表达健康的思想内容，作到语文形式和思想内容的统一。这就要求，在指导说、写练习或批改、讲评时，不能只注意表达形式，也要注意思想内容。

（三）语文训练和思维训练结合的规律

第一，在阅读训练中进行思维训练。阅读教学中要激发学生的阅读兴趣，使他们在阅读时注意力集中，思维处于积极状态。在阅读训练过程中，要教给学生思维的方法，在理解阅读材料的内容和形式的练习中，进行想象与联想、分析与综合、抽象与概括、归纳与演绎的练习。阅读一般记叙文和文学作品，偏重于形象思维的训练，阅读议论文和说明文，偏重于抽象思维的训练。对学生进行阅读训练时，在阅读时间和质量上，应该严格要求，即有量和度的规定性，并适当地提高阅读的难度，使学生的思维达到一定的强度。

第二，在写作训练中进行思维训练。写作训练不能只重视“写”这一项。其实，写出来的东西是思维的结果，作文的内容枯燥、不具体，与缺乏想象力、联想力、思维不活跃有很大的关系；作文条理混乱、语气不连贯,或词不达意,与思维缺乏条理性、连贯性、准确性有很大的关系。因此,在写作训练中要进行观察、分析、整理材料的训练,写作时加深立意构思的训练。写观察笔记、分析笔记、列写作提纲等方式是写作训练和思维训练结合的好方式,可以经常使用,形成习惯。

第三,在听、说训练中进行思维训练。听、说训练和读、写训练有共同性,但是,听、说有语言稍纵即逝的特点,如不能迅速地把握对方说话的要点,谈话就无法进行下去。另外,说话词不达意,颠三倒四,既已说出,无法修改。因此,在听和说的训练中,更需要训练思维的敏捷性、准确性和条理性。在与人交流(交谈或辩论)的过程中,边听、边思考、边说,这几项活动在脑子里是同步交叉进行的,常常要根据对方的话,马上改变自己说话的内容或表达方式,这又需要训练思维的变通性。

第四,在培养学生自学能力的过程中进行思维训练,培养自学能力的过程也是一种思维训练的过程,以往教师怎样布置,学生就怎样行动,不需要动多少脑子,现在教师则要求他们自我计划、自我控制,自我检查,这是一种难度很高的思维训练。

(四)课内语文教学与课外语文活动互相促进的规律

第一,要使课内语文教学对课外语文活动起指导作用,语文课堂教学的基本任务是,激发学生对语文的兴趣,传授语文基础知识和学习语文的基本方法,提供学习语文的标准和范例,进行语文基本技能的训练。搞好课堂教学,会对课外的听、读、说、写活动起指导作用。

第二,创设良好的语言环境。鉴于语言环境对学生语言习惯形成有巨大影响,应该注意语言环境的建设。首先要大力宣传,使社会、学校的领导和教师、家庭重视这项工作;同时要提出积极的建议,改善语言环境;还要发动学生参加改善社会、学校、家庭语言环境的活动,从中提高自觉性,培养良好的语言素质,提高运用语言的能力。

五、语文教学的改革

目前,我国正处在不断改革的时期。经济体制改革,方兴未艾,与此相适应,上层建筑也在不断地进行着改革。教育体制的改革就是其中的一项。1985 年 5 月发布了《中共中央关于教育体制改革的决定》,是教育改革的纲领,《决定》明确指出“教育必须为社会主义建设服务”。这是教育改革的总方针。在这个方针的指导下,语文教学要总结几年来改革的经验,分析缺点和问题,进一步推动语文教学改革继续向前发展。下面从教学思想、教学体系、教学内容、教学方法四个方面来谈。

(一)教学思想——现代化

语文教学要适应社会主义现代化建设的需要,必须首先摒弃一切陈旧的教学思想,树立新的现代语文教学思想。

第一,树立全面育人的思想。社会主义教育要为社会主义建设培养德、智、体、美等全面发展的人才。要站在这个全面育人的高度对待语文教学,不仅教语文,而且要育人。实践证明:在语文教学改革中取得显著成绩的教师都具有这种特点,他们从育人的高度出发,不仅在语文教学中培养学生的自学能力,还特别注意培养学生的自我教育能力,如自我认识能力、自我体验能力、自我设计能力、自我监督能力,使学生得到全面的、协调的发展。

有全面育人的全局观点,就不会出现语文学科和其他学科争时间、争地盘的问题。语文教学改革中的先进分子,都能从教育的整体上摆正语文学科地位,与其他各科加强联系和配合。他们提出,在中学低年级语文学科要为其他学科铺路,扎扎实实地打好语文基础;在高年级语文学科要适当地让路,不和其他学科争时间。对此,不少人认为这是具有全局观念、具有战略眼光的思想。在这种思想指导下,学生不仅语文学科能取得好成绩,其他学科的学习成绩也会相应地得到提高。

第二,树立使所有学生都得到提高的思想。社会主义建设需要的大批各级各类人才,都应该具有一定的语文能力,这是从事各种工作和进一步深造的基础,因此,现代语文教学不能只培养少数几个语文尖子学生,而是要使所有学生的语文程度都达到一定的水平。目前,一部分学生的语文水平很低,不能适应学习和工作的需要,怎样提高这些学生的语文水平是语文教学中的一个难题,解决这个难题的前提和重要保证是使所有学生都得到思想的提高,改进教学内容和教学方法,千方百计地激发差生的学习兴趣,培养良好的学习习惯,促使他们提高语文能力。

第三,树立培养能力、发展智力的思想。现代教育重视培养学生的能力,发展学生的智力。现代语文教学也应该这样,对于社会主义现代化建设来说,知识是很重要的,无“知”必然无“能”。但是,能力和智力又是获取知识的重要条件,只重视传授知识,忽视培养能力和发展智力,学生对所学的知识不能举一反三,不能独立地获取新知识,没有解决实际问题的能力。那么他们的发展就受到限制,这样的人是不适应现代社会发展的。因此,中学阶段既要让学生掌握一定的系统的基础知识,也要重视培养能力和发展智力。

(二)教学体系——科学化

语文教学体系的科学化是语文教学现代化所要求的,是提高语文教学水平的重要保证,这就是说从现代化和整体的观点出发,系统地、有控制地安排教学,使之按照一定的科学的程序进行。过去,语文教学几乎无序可循,或有序不循,没有明显的阶段性和连续性,学生反映“语文教学像撞钟,天天敲,一个声”,多学一点少学一点没有什么差别。这种状况严重地影响了教师和学生的积极性。因此,在探讨语文教学改革的道路时,最先提出的问题是:怎样才能使语文教学体系科学化,使语文教学有序可循?

语文教学的程序应该按照语文教学的规律来确定,既要考虑语文知识的体系安排、语文能力形成的过程,又要考虑不同阶段的学生在接受知识、形成能力方面的特点,妥善安排。

语文教学体系的程序化并不等于程式化,它要求的是合乎教学规律的程序,但是不把一种程序固定化,当作适用于任何情况的程式;也不是只承认某几种程序,而排斥另一些程序。这些都是不利于语文教学改革和发展的。

目前公开出版的几套中学语文实验教材的体系是各不相同的,有综合型的,熔听说读写于一炉;有分科型的,按读、写、语文知识各成系统、分别编写的,即使同是分科型或同是综合型,具体程序也是各不相同的。有以写作知识为序的;有以培养能力为序的,有以实际需要提出课题,按课题难易排列成序的,等等。总之,应该允许不同程序语文教材的存在,通过互相比较、互相渗透,使语文教学的体系更加符合教学规律,更加科学。

(三)教学内容——综合化

综合性是语文教学的一大特点。随着时代的发展,知识的分化与更新,教学内容的综合化越来越突出,主要体现在下列几个方面。

第一,教材内容向更加综合化发展。从选材来看,不限于有定评的名家名篇,更不限于文学作品,还必须选取以反映现代人们的思想感情、生活习性和现代科技为内容的文章,有成篇的,有的只是理科教材中的片断。例如,用物理学中的帕斯卡定律("如在密闭液体上的压强,能够按照原来的大小由液体向各个方向传递")作教材,让学生依据这条定律作三个作业:

(1)找出句子的主干和附加语。

(2)写一段记叙文字,记叙操作过程。

(3)写一段说明文字,说明木桶破裂的原因。

这种把理科的学习内容,渗透到语文课中来,更能体现语文学科的工具性质,提高学生学习语文的兴趣和学习效果。

第二,不只是传授知识,更重能力的训练。在练习中,出现了练习题的多样化,有单项练习,也有综合练习;知识的传授渗透到练习的指导中。

第三,有阅读、写作的训练,还有听话、说话的训练。不只有书面训练这条腿,还有口头训练这条腿,是两条腿走路。

(四)教学方法——多样化

教学方法是实现教学目的不可缺少的手段。教学方法包括教法和学法两个方面,是教法和学法的统一。

教学方法的多样化是针对教学方法的单一化而提出来的,中华人民共和国成立以来,往往是一个时期提倡一种方法,如 20 世纪 50 年代初学习苏联,堂堂谈话法;1958 年,强调语文教学中的思想教育,又一阵风地用讨论法;60 年代初要求语文教学中"文道结合",又一律用串讲法。现在,绝大多数课堂教学采用教师讲解法。这种单一的教学方法,扼制了学生学习语文的积极性,使语文教学不能达到预期的效果。

由于语文教学内容的丰富多彩,教学对象是生龙活虎的青少年,因此,语文教学方法必须多样化。例如,一堂课可以先读、再议、再讲、再练。一篇课文可以先读、再划分、再批、再写。教师讲解只是语文教学方法的一种。此外，讲有多种讲法，读有多种读法，方式也各不相同，改变教学方法的单一化，转向教学方法的多样化，会使语文教学呈现生动活泼的局面，取得更好的效果。

我国语文教学创造出很多种教学方法，可供选择使用，如阅读教学中有：讲读法、读背法、讨论法、谈话法、练习法、圈点法、划批法、串讲法，朗读法、图解法等；作文教学中有结构作文法、模仿作文法、释义作文法、命题作文法、情景作文法等。“八仙过海，各显其能”，今后还会创造出许多新的教学方法。①

总之，我国的语文教学，正在向现代化、科学化发展，通过理论研究和教学实验，语文教学的规律逐渐被人们所认识。随着社会的发展，语文教学也在不断地发展。语文教学中存在着许多问题，有待于通过进一步的改革来解决。语文教学的改革，以提高语文教学的质量和效率作为语文教学理论研究的根本任务。

第二节　中学语文教学的目的与任务

一、中学语文教学的目的

中学语文学科的教学目的是语文教学全部工作的出发点和归宿，它决定语文教学的方向、过程、内容、方式方法。因此，正确地认识和贯彻语文教学的目的是关系全局的问题，是语文教育工作者必须首先明确和认真对待的。

（一）确定语文教学目的的依据

中学语文教学的目的是根据什么确定的呢？

第一，根据中等教育的培养目标，我国的中等教育，一方面要为社会

① 郑勇．中学语文教学论析[M]．北京：中国书籍出版社，2016．

主义现代化建设培养大批劳动后备军，另一方面要为高等学校培养合格的新生，中等教育是基础教育，语文学科是基础教育中的基础工具学科，必须切实地为中等教育的培养目标服务。

第二，根据社会发展对中学语文学科的特殊要求。社会在不断地发展着，因而在语文方面也会对人才不断地提出新的要求。目前我国处在一个新的历史时期，中等学校的语文教学在新的历史时期承担着特殊的任务。例如，在培养语文能力方面，特别是作为广泛交际手段的表达能力方面，在中学生思想品德培养方面，在智力培养和文化素养的培养方面，语文教学都担负着重要任务。

第三，根据语文学科的性质和特点，中等教育的培养目标是全面的，社会发展对中学生的要求越来越高，语文学科是根据自身的性质和特点，承担力所能及的任务的，离开语文学科的性质和特点，或者不能全面地把握语文学科的性质和特点，就会偏离语文教学的目的。例如，忽视它的基本性质——工具性，而把其他性质和特点提到不适当的地位，就会出现偏差。相反，如果只讲工具性，而不注意其他的性质和特点，语文教学同样会出现偏差。

第四，根据中学阶段学生的年龄特征和语文水平，中学阶段与小学阶段的语文教学目的应有所不同，高中阶段与初中阶段的语文教学目的也应有所区别，对不同年龄段和不同语文水平的学生提出同一个目的是不符合语文教学规律的。

（二）现行中学语文教学大纲对语文教学目的的规定

现行中学语文教学大纲（即《全日制中学语文教学大纲》，简称《大纲》）规定了语文学科的思想教育任务是要“培养学生的社会主义道德情操、健康高尚的审美观和爱国主义精神”，并指出思想教育必须在语文教学的过程中进行，不能脱离语文教学另搞一套。总结了语文教学的基本途径是教学生学好课文和必要的语文基础知识，进行严格的语文基本训练。点明语文教学必须用马克思主义的观点作指导。

现行语文教学大纲中有关教学目的的规定是根据多年来语文教学的经验教训，结合目前的情况制定出来的。它的优点是：把培养语文能力作为语文教学的目的，在行文中突出地提了出来；恰当地提出了思想教育的任务，这些都是符合现代化建设对语文教学要求和语文教学规律的，语文教学中进行思想教育的特点是，熏陶、感染、潜移默化，语文能力的培养和思想教育都是在马克思主义的观点指导下，在统一的语文教学过程中进行的，这样就把各种关系表述得比较清楚了。

在培养中学生的语文能力方面，不只提读和写的能力，还提听和说的能力，这是由于现代社会中人们直接交往的增加，声像技术的发展，不仅需要有较高的读和写的能力，而且还需要有较高的听话和说话的能力。从现实情况看，目前中学生的听话能力和说话能力普遍很低，急需培养和提高。中学语文教学应该担负起这项任务，否则就很难说尽到了职责。

在突出培养语文能力，摆正思想教育地位的同时，还注意发展学生的智力、培养健康高尚的审美观等。

初、高中教学目的应有所不同。中学阶段有六至七年时间，这个时期，学生的身心都在迅速发展，初中和高中学生的知识水平、思想水平和认识能力都有很大差异。因此，这两个阶段语文教学目的应有差别。例如，初中应该全面地培养学生的各项语文能力，使他们基本上掌握语文工具，具有现代语文的听、说、读、写的能力。高中阶段应该在这个基础上有高一层的要求，培养审美能力、文学(或文化)修养、浅易文言文阅读能力等。

总之，中学语文教学目的要突出体现本学科的基础工具的性质，又要反映出它的其他性质和特点，还应该体现现代社会对语文方面的特殊要求，充分发挥它在培养学生成为德智体美全面发展的人的特殊作用。

二、中学语文教学的任务

任务是根据目的确定的，是实现目的的具体指标。任务越具体、越符合实际，目的就越容易达到。我们认为，中学语文教学的任务应包括以下几个方面。

(一)语文基础知识教育的任务

(1)语音、词汇、语法常识。

(2)修辞常识。

(3)逻辑常识。

(4)文章学常识。

(5)文学常识。

(二)语文能力培养的任务

1. 听的能力

(1)听别人讲话正确理解其主要见解的能力。

(2)听课或讲演,记录或记忆其主要要点的能力。

(3)听婉转的言辞确定发言者的意向、听诡辩的言辞判断其是非的能力。

2. 读的能力

(1)阅读相当水平的读物正确理解其中心思想和要点的能力。

(2)找出自己需要的内容加以记录或记诵的能力。

(3)能掌握朗读、默读、浏览、跳读、速读等阅读方法,具有较高的阅读速度。

(4)分析、批判、鉴赏的能力。

3. 说的能力

(1)以规范化的口头语言简明扼要地叙事、状物、达意、析理、表情的能力。

(2)朗读文章和文学作品的能力。

(3)不依靠讲稿做即席发言的能力。

(4)较简单的批驳、辩护的能力。

(5)有礼貌地交际、应对的能力。

4. 写的能力

(1)正确、熟练地记叙、说明、议论的能力。

(2)写某些实用义和运用某些文学性表达手法的能力。

(3)正确、美观、清楚地书写的能力。

(三)发展学生智力的任务

(1)培养学生的观察能力。

(2)培养学生的思维能力。

(3)培养学生的想象能力。

(4)培养学生的记忆能力。

(5)培养学生的联想能力。

(四)美育教育的任务

(1)养成学生对自然美的热爱。

(2)养成学生对社会生活美的追求。

(3)养成学生对艺术美的欣赏。

(五)思想政治教育的任务

在教学过程中对学生进行热爱祖国、热爱党、热爱社会主义的教育,以及无产阶级情操、共产主义道德品质的教育。

要实现这些任务,就要根据这些任务之间的关系,每一种任务的内在规律以及学生的年龄特征做统筹安排,如能将这些任务具体地落实到各个年级中,则实现它、完成它就更容易一些。(当然,美育的任务和思想政治教育的任务是不好具体落实的。)只有这些任务都实现了,语文教学的目的才算达到了。①

第三节　中学语文教学的设计

一、语文教学设计的性质与任务

教学设计涉及分析教学内容、确定教学方法、指导教学实施、修改教学计划以及评价学生学习的整个过程。教学设计的目的是运用已知的教学规律去创造性地解决教学中的问题。很明显,教学设计是面向教学系统,解决教学问题的一种特殊的设计活动。它关注的是"学"的方案,

① 于亚中,李家珍．中学语文教学概论[M]．西安:陕西人民教育出版社,1985.

是直接把教学理论贯彻于教学实践的中介，它具有方法论的性质。比如一堂课，作为学生，自己要去哪里？自己如何去那里？自己怎样判断自己已经到达了那里？这个路线图，其实就明确提示了教学设计中必须涉及的目标、策略和评价三项基本内容。

由此可见，语文教学设计是语文教师在课前所做的准备，它把教学视为一个过程，注重对构成这个过程的各环节（导入、展开、结束）进行基本预设，把教学视为由环境、教材、教师、学生等教学论篇诸多因素相互发生联系的双边或多边活动，并注重对参与这个活动的各个因素进行基本考查，注重教学内容和方法的选择，关心教学效果等。

二、语文教学设计的要求

（一）明确教学目标，熟悉教学内容

语文教学设计要明确教学目标。明确语文教学目标必须认识语文教学目标系统，把握其中的基本精神。语文教学目标体现语文教学的整体性和阶段性，整个系统分为总目标和阶段目标两部分。

纵向是情感态度价值观、过程与方法、知识与能力三个维度，这是隐性线索，引导语文教学：在过程中掌握方法，获取知识，形成能力，培养情感态度和价值观。

横向是识字与写字、阅读、写作、口语交际、综合性学习五个领域，这是显性呈现，引导语文教学：组织有效的识字与写字、阅读、写作、口语交际、综合性学习的教学过程。

语文教学目标是基于人的终身需要及和谐发展所必须具备的基本语文素养而提出的，其基本精神体现为人文性与工具性的统一、思想性与审美性的统一。所以，明确语文教学目标就应该突出学生在语文学习中的主体地位，突出现代社会对语文能力的新要求，突出语文课程的实践性特点，认真落实三个维度、五个领域的目标。

语文教学设计要熟悉教学内容。这一点无须多说，但在新课程背景下，我们还要提出更高的要求，熟悉一切语文资源，开发和利用一切语文资源。

(二)满足学生需求,促进学生发展

(1)语文教学要解决学生问题、满足学生需求。

(2)教材要为教学服务。

(3)教法要为教学目标服务。

(三)发挥教师特长,充分利用资源

(1)语文教学设计要注意发挥教师的特长。

(2)语文教学要充分利用教育资源。我们要注意除了物质资源之外,人也是教育资源的重要组成部分。

(四)预想教学过程,制定最优策略

教学是以促进学习的方式影响学生的一系列行为,是教师和学生互动的过程,过去那种具有严格的规则、程式化步骤的语文教学过程已经不符合当前的要求。

1. 教学设计要预想教学过程

要根据学生的问题和需求,安排施教的程序,然而更重要的是预想每个教学环节实施过程中,学生会有怎样的反应,可能出现哪些问题,并对此制订预案。教师设计的某一项教学活动,未必全体学生会有相同的反应,而不相同、不一致、不一样的反应却是很正常的。因此,教师在设计教学的时候,要多考虑可能出现的不相同、不一致、不一样的情况,并对此有所准备,才能够增强教学的针对性,最大程度地满足学生的需求。

2. 教学设计要制定最优策略

自主、合作、探究的学习方式给语文教学过程施加了积极的影响,语文教师应制定最优教育策略,在教学过程中与学生积极互动,共同发展。要处理好传播知识与培养能力的关系,注重培养学生的自主性和独立性,引导学生质疑、调查、探究,在实践中学习,促进学生在教师指导下主动地、富有个性地学习。教师应尊重学生的人格,关注个体差异,满足不同学生的学习需要,创设能引导学生主动参与的教育环境,激发学生的学习积极性,培养学生掌握和运用知识的态度和能力,使每个学生都能得到充分的发展。

三、语文教学设计的内容

(一)设计课堂教学目标

教学目标是课程目标的进一步具体化，是指导和评价课堂教学的基本依据。它是具体的教学过程和学生行为的准则，也是学科课程目标与具体教学内容的结合与具体化。教学目标在每个单元或每节课的教学过程中得到体现。布卢姆及其同僚将学生最终的学习结果分为三大领域，即认知领域、情感领域和动作技能领域。结合新课程语言，可知三维目标是教师设计教学、实施教学、评价教学和领导管理教学的基本依据，也是多元互动教学程序的基本依据。语文教学应该以此为向导，在设计课堂教学目标时，首先考虑课文内容对学生的影响表现在哪些领域中；其次，分析每一领域学习内容的学习水平；最后，用具体的行为动词陈述课堂教学目标。

(二)设计课堂提问

提问是课堂教学的常用方法，当然也是语文教师的常用方法。它能沟通教与学的信息，是协调师生进行双边教学活动的手段。教师通过提问，能及时获得教学的反馈信息，及时调整教学程序和进度，从而使自己的活动与学生的活动同步进行。学生通过答问，了解自己学习的信息反馈，不断调整自己的学习计划。由此可见，提问是一种重要的教学方法。其次，课堂提问是师生双边活动的桥梁。语文课堂教学历来重视师生互动。一堂语文课的成功与否，一个关键的尺度，就是师生互动的情况如何。而课堂提问无疑是实现教师与学生互动的一座桥梁。因此，高质量的课堂提问是维持教学顺利进行的有效手段，不仅有利于实现课堂教学目标，而且能充分调动学生参与学习的主动性，实现学生在学习过程中的主体地位。①

根据美国卡麦隆大学莫里教授在《课堂教学技能》一书中将问题分为事实性问题、经验性问题、创造性问题和评价性问题四类。教学中需

① 郝丽琴．中学语文教学设计与案例分析[M]．合肥：安徽大学出版社，2015.

要设计不同类型的问题,并注意各类问题在课文教学过程中的分布和在学生中的分配。提问还可分为"重要的提问"和"徒劳的提问"。"重要的提问"必须具备以下特点:

(1)表现出教师对教材的深入研究。

(2)与学生的智力和知识水平的发展相适应。

(3)能诱发学习欲望。

(4)能有助于实现教学过程中的各个具体目标。

(5)富有启发性,并能使学生自省。

(三)设计结束新课

结束新课即对课文教学进行小结,它不是教学过程的简单重复,而是从教学目标出发,对教学的重点和难点所作的及时整理和回忆。新课小结如果得当则有利于巩固新知识,促进学习的有效迁移。根据罗耶(James M. Royer)的迁移二维结构观,迁移可分为近迁移与远迁移和字面迁移与比喻迁移两个层面四种类型。我们要特别注意结束语与迁移的区别。

(四)设计教学媒体

教学媒体是教学过程中从信息源到接受者之间携带和传递信息的任何物质工具。它直接介入教学活动,沟通教与学两个方面,对教学的效果和效率都有很大影响,是教学的重要辅助手段。我们要认识教学媒体的作用、教学媒体的分类和教学媒体的优化运用,要特别注意教学媒体的功能与教学内容和教学任务的有机结合。

(五)设计语文教案

教案是教学设计的书面表现形式,不仅是教学设计的书面结晶,而且是课堂教学的主要依据。语文教案的整体结构通常分为课题教案和课时教案两大部分。课题教案是指一个单元或一篇课文的整体教案,一般包含课题、课型、重点难点、教学方法、教学媒体、课时安排等内容。课时教案是指一节课的完整教案,一般包含课时、教学要求、教学要点、教学进程、板书设计、作业布置、教学后记等内容。我们尤其要特别注意编写教案的基本规范。

四、语文教学设计应当遵循的原则

（一）充分体现新课程的基本理念

各学科都要关照的基本理念有：促进全体学生的最佳发展，着眼学生基本素养的全面提高，引导学生生动活泼地、主动地学习，语文学科还要体现《语文课程标准》提出的四大基本理念。

（二）整体把握教学活动的结构

整体把握教学活动的结构包括：课程的目标结构决定教学的活动机构，整合教师、学生、教材与环境四个结构要素，实现学生学习方式、教材呈现方式、教学方式与师生互动方式的同步变革。

（三）突出创新精神与实践能力的培养

突出创新精神与实践能力的培养具体包括：培养学生收集和处理信息的能力、获取新知识的能力、分析和解决问题的能力以及团结协作的能力，让学生感受和理解知识产生和发展的过程，创设学生自主参与、探究发现、合作交流的教学情境。

（四）适应学生的学习心理和年龄特征

适应学生的学习心理和年龄特征要注意：认真研究学生的阶段特征与学习准备，考虑学习活动中动力（情意）因素和智慧（认知）因素的统一，注意学生课堂学习心理变化与教学事件的配合。

（五）辩证认识和处理课堂教学中的各种关系

辩证认识和处理课堂教学中的各种关系，特别要处理好：教师应当成为学生学习的激励者、指导者和组织者，学生是学习的主人，课堂的主体书本知识要与学生的生活实际和经验世界密切联系。

（六）把握语文教学设计的基本原则

把握语文教学设计的基本原则包括：充分发挥师生双方在教学中的主动性和创造性，在教学中努力体现语文的实践性和综合性，重视情感、态度、价值观的正确导向，正确处理基本素养与创新能力的关系，遵循学生的身心发展规律的语文学习的规律，选择教学策略。

五、语文教学设计方案编写

通过以上一系列的教学设计工作的实施，我们在教学工作展开之前，心中已经对教学的各个环节及其构成要素之间的相互影响有了一个比较全面和深刻的认识，接下来，应该编写教学设计方案，将教学设计的思路和设想以书面的形式表现出来。

教学设计方案编写形式多样，没有固定的要素，但一般有设计思路、教学分析、学习者分析、教学目标、教学重难点、教学过程、作业设计、板书设计等要素。为使大家能直观地看到教学方案的编写方法，下面提供两种常用教学设计方案编写的模板。

（一）叙述式教学设计方案模板

课题名称

设计者（姓名、通讯地址）

一、概述：

说明学科（数学、语言艺术等）和年级（中学、小学、学前等）；

简要描述课题来源和所需课时；

二、概述学习内容；

概述这节课的价值以及学习内容的重要性。

三、教学目标分析：

从知识与技能、过程与方法、情感态度与价值观三个维度对该课题预计达到的教学目标做出一个整体描述。

学习者特征分析：

说明学习者在知识与技能、过程与方法、情感态度与价值观等三个方面的学习准备(学习起点),以及学生的学习风格。要注意结合特定的情境,切忌空泛,并说明教师是以何种方式进行的学习者特征分析,比如说是通过平时的观察、了解或是通过预测题目的编制和使用等。

四、教学策略选择与设计:

说明本课题设计的基本理念,主要采用的教学活动策略,以及这些策略实施过程中的关键问题。

五、教学资源与工具设计:

教学资源与工具包括两个方面:一是为支持教师教学的资源;二是支持学生学习的资源和工具,包括学习的环境、多媒体教学资源、特定的参考资料、参考网站、认知工具以及其他需要特别说明的传统媒体。

如果是其他专题性学习、研究性学习方面的课程,可能还需要描述相关人力支持及可获得情况。

六、教学过程:

这一部分是该教学设计方案的关键所在。

在这一部分,要说明教学的环节及所需的资源支持、具体的活动及其设计意图,以及那些需要特别说明的教师引导语。

最后,画出教学过程流程图。同时,流程图中需要清楚标注每一个阶段的教学目标、媒体和相应的评价方式。

七、教学评价设计:

创建量规(对学生的作品、成果、成长记录袋或者表现进行评价的一套标准),向学生展示他们将如何被评价(来自教师和小组其他成员的评价)。另外,可以创建一个自我评价表,这样学生可以用它对自己的学习进行评价。

八、帮助和总结:

说明教师以何种方式向学生提供帮助和指导,可以针对不同的学习阶段设计相应的方案,针对不同的学生提出不同水平的要求,给予不同的帮助。

在学习结束后,对学生的学习做简要总结。可以布置一些思考或练习题以强化学习效果,也可以提出一些问题或补充的链接,鼓励学生超越这门课,从而把思路拓展到其他领域。

(二)表格式教学设计方案编写模板

表 1-1　教学设计方案编写模板

<table>
<tr><td>案例名称</td><td colspan="5"></td></tr>
<tr><td>科目</td><td></td><td>教学对象</td><td></td><td>设计者</td><td></td></tr>
<tr><td>课时</td><td></td><td></td><td></td><td></td><td></td></tr>
<tr><td colspan="6">一、教材内容分析</td></tr>
<tr><td colspan="6"></td></tr>
<tr><td colspan="6">二、教学目标(知识、技能、情感态度与价值观)</td></tr>
<tr><td colspan="6"></td></tr>
<tr><td colspan="6">三、学习者特征分析</td></tr>
<tr><td colspan="6"></td></tr>
<tr><td colspan="6">四、教学策略选择与设计</td></tr>
<tr><td colspan="6"></td></tr>
<tr><td colspan="6">五、教学环境及资源准备</td></tr>
<tr><td colspan="6"></td></tr>
<tr><td colspan="6">六、教学过程</td></tr>
<tr><td>教学过程</td><td colspan="2">教师活动</td><td>学生活动</td><td colspan="2">设计意图及资源准备</td></tr>
<tr><td></td><td colspan="2"></td><td></td><td colspan="2"></td></tr>
<tr><td></td><td colspan="2"></td><td></td><td colspan="2"></td></tr>
<tr><td></td><td colspan="2"></td><td></td><td colspan="2"></td></tr>
<tr><td></td><td colspan="2"></td><td></td><td colspan="2"></td></tr>
</table>

续表

教学流程图
七、教学评价设计
八、帮助与总结

第二章　中学语文教学的原则与方法研究

中学语文教学在长期的发展过程中形成了一定的教学原则与教学方法，教师通常在遵循教学原则的基础上采用合理的教学方法展开教学。教学过程的合理、科学有助于良好教学效果的实现。本章重点分析中学语文教学的原则与方法。

第一节　中学语文教学的基本原则

教学原则是根据一定的教学目的和教育规律确定的指导教学活动的基本准则、原理，是人们在长期的教学实践中获得的教学经验的理论概括。教学目的具有时代性，因此教学原则是动态的、发展变化的，教学原则有其自身的历史发展过程。随着科学的发展和人类文化的进步，随着人们对教育科学自身规律以及与之相联系的各方面关系的认识的不断深入，教学原则的内容正在不断丰富和发展，许多古老的教学原则在新时代得到了更科学更合理的说明和论证。由于人们认识的角度不同，采用的方法论不同，加上人们对教学过程规律的认识、理解和把握的个体差异，因此，人们对教学原则的概括必然有所不同。虽然如此，我们仍然能够从中找出它们之间的共性，作为指导我们教学活动的基本原则。千百年来，在教育实践活动中，我们确定了以下一些教学的基本原则，这些原则是：启发式原则、因材施教原则、直观性原则、理论联系实际的原则、循序渐进的原则、传授知识发展智力与培养能力相结合的原则、教师的主导作用与学生的主体作用相结合的原则、聚敛思维和发散思维训练相结合的原则等等。教学原则基本上能反映出人们的教学观，它对教学活动起着较大的导向作用。因此，我们可以说，教学原则是人们教学观的基本体现。①

语文教学原则是指导语文教学的原理、法则，它和一般的教学原则既有联系，又有区别。它们之间的关系是个性与共性、特殊性与普遍性的关系。语文教学原则是根据语文学科的教学目的和规律，根据语文学科自身的特点、普遍问题和倾向制定的教学基本要求。一般认为，语文教学的基本原则有：文道统一的原则；听、说、读、写训练相结合的原则；语文训练与思维训练相结合的原则；语文教育与发展智力相结合的原则……这些原则，在不同的历史时期有所侧重地被强调，这表明教学原则的社会性和历史性。在信息高度发达的高科技社会，知识（信息）的无限性和学生在校学习时间的有限性之间的矛盾，十分突出地表现出来了。全面把握语文教学的规律，从语文学科的性质和特点入手，从中概括出具有时代特征的语文教学原则，指导当前语文教学实践活动，具有十分重要的意义。

在倡导素质教育的今天，人们对语文教育的认识已不断深化。语文教学在传统的以培养学生听说读写能力为主要目的的基础上，更加强调加强学生的文学修养，强调语文教学应尊重学生的个性，舒展学生的悟性、灵气，培养学生的创造性思维能力和探究能力，培养学生收集、处理信息的能力和尊重多元文化的态度，提高学生的文化品位，健全学生的整体人格。

20 世纪 80 年代以来，许多有关语文教学的专著以及文章，对此都进行了一定的理论探讨和阐述，提出了许多教学原则。但比较、总结这些教学原则，我们发现有些表述不同，但内容实质相同，如“知识、能力、智力兼顾原则”“语文双基并重与开发智力相结合的原则”“传授知识，开发智力，培养能力相结合原则”等，其实都是一个意思，即在传授知识的过程中培养能力，开发智力。而这一原则又与另一教学原则“语言训练与思维训练相结合的原则”，在内容上是交叉关系。从上述目的出发，我们认为当前的语文教学，应强调以下几条原则。

① 刘永康，翟启明．中学语文教学论[M]．成都：天地出版社，2001.

一、优化语文课堂教学结构原则

所谓课堂教学的结构，指的是课堂教学的组成部分（或“环节”）及其顺序。它体现教学的整个过程，反映教学的组织形式。传统的语文课堂教学多是“教师讲、学生听”的形式。这种形式的弊病，叶圣陶老先生曾经作过十分中肯的分析：“课堂教学既然是一讲一听的关系，教师当然是主角了，学生只处在观众的地位，即使偶尔举手答个问题，也只不过是配角罢了。”因此，如何安排教学结构，就成为语文课堂教学研究的一项重要内容。

所谓优化教学结构，指的是在正确的教育思想和理论指导下根据教学的目的和要求，最恰当地解决教学过程中要素的组合和程序的编排，从而收到最佳的教学效果。语文教学结构的优化应体现两个方面：一是语文课本身课型的优化。二是一节课本身结构和层次的优化。既然要优化，就要从学生的认知实际出发，根据不同的教学任务，整合教育教学资源，合理安排课程的设置和每节课的结构，从而达到“有效”教学和“高效”教学。

二、课内教学与课外学习相结合原则

课内教学和课外语文学习相结合、相互促进是语文教学的基本原则之一，这一点在学术研究内外，在广大教师中是有共识基础的。语文教学过程中，以课内教学为基础，把课内教学和课外语文学习结合起来，使有限的课内教学向无限的课外学习延伸和发展，通过课内外学习的相互配合、相互促进，提高语文教学的质量和效率。这项原则是对语文课内教学与课外学习之间辩证关系的科学反映。同时，语文教育发展历史也表明：坚持课内教学与课外学习有机结合。相互促进是全面提高语文教学质量的必由之路。

工具性是语文学科的属性，要求语文教学要使学生形成能力，学以致用，既能够听、读，又长于说、写。听、说、读、写是人们表情达意、交流思想和信息的工具，它一方面必须和社会生活取得联系，在社会生活实践中形成并最终接受社会实践效果的检验。另一方面，听、说、读、写能力是非经反复历练不可的，紧紧依靠课内有限时间，空间和有限的训练材料是远远不够的，要想历练有效必须向课外扩展。课外语文学习为听说读写等语文活动提供了更广阔的天地。语文学习的外延与生活的外延相等，从家庭生活到社会生活、从衣食住行到世间百业，语文学习无所不在，其范围之广泛、形式之多样是课内所无法比拟的。充分利用可以加强从知识到能力的迁移效果。在学习效率上，课外语文学习也有诸多优势。如学习内容与学习形式的相对开放灵活，可以更好地满足不同层次、不同兴趣爱好学生的心理需求，有利于因材施教，同时课外语文学习更加贴近生活，学习的情境性更强，语文的工具性特点更突出，有利于提高学生学习积极性。可以说，从中学生形成语文能力的全过程看，语文学习是不应也绝不可能划分课内课外的。①

随着素质教育在语文教育教学中的逐步落实，语文教学除完成传授知识，培养能力，开发智力的智力目标，培养思想道德品质的德育目标及提高审美思想的美育目标外，更应在发展个性、增强信心、激发兴趣、传授方法、增长才干、培养开拓创新方面发挥优势，让每个走出中学校门的学生都是既具有聪敏才智，又拥有丰富思想感情和健全人格的“大写”的人。显然，以组织性、计划性、集中性、统一性见长的班级授课制，无法满足语文素质教育的要求。只有冲破单纯的班级授课制，教学活动向课外、向社会、向生活方向拓展，提倡“大语文教育”，采取“一体两翼”的教学结构（一体即课堂教学主体，两翼分别指语文学习环境和语文课外活动），优化学习环境，课内课外相互结合协调统一，才是解决课堂班级授课制与语文素质教育之间矛盾的出路，这也是确定课内外语文学习结合的现实依据。

由此可见，语文课内教学是课外学习的基础，并对课外学习起指导作用；课外学习是课内学习的延续和发展，又反过来丰富课堂教学的内容和形式。课内与课外相互补充、相互促进、相辅相成是语文教学的又一客观规律，认识与利用这一规律指导语文教学就可以做到得法于课内，增益于课外，促使语文教学整体效率的提高。相反，如果忽视这一规律，只重视课内而忽视课外就等于飞鸟断了一翼，飞不起来的是整个身体，而不仅仅是一只翅膀。那么，如何在语文教学中贯彻这一原则呢？

---

① 邵红立．中学语文教学实践研究[M]．成都：电子科技大学出版社，2015.

(一)树立“大语文教育”观念

“大语文教育”是顺应时代发展而产生的一种科学的语文教育思想体系。这一体系的基本思想是:强调语文教育与社会生活的结合,即通过“一体两翼”的教育结构使语文教学以课堂教学为轴心,向学生生活的各个领域拓展,全方位地把语文学习与他们的学校生活、家庭生活和社会生活有机地结合起来,把教书与育人结合起来,把知识学习、能力培养、智力开发及非智力因素的培养结合起来,确保学生接受全面的、整体的、能动的、网络式的培养训练。强调语文教学与其他学科教学的有机结合。“大语文教育”思想着眼于学生的综合素质的全面发展,追求语文教学内容、教学过程的开放性,使语文学习渗透到学生的一切社会文化环境之中,发展学生个性,进而培养成为能适应时代要求的知识、能力及人格均健全的新人。

(二)发挥主体性,加强计划性

1. 课外活动举例

课外阅读,给大脑充电加油。课外阅读是最经常最重要的语文课外活动。语文教师都有这样的体会:大凡语文成绩好的学生一般都爱读课外书籍。许多成功的经验告诉我们:大量的阅读,是学生全方位获取语言信息,立体化发展语言能力的有效途径。随着教育现代化事业的不断推进,学校均配备了一定规模的阅览室,有的还有电子阅览室,知识量的日益增大,给学生的课外阅读提供了十分有利的条件。教师应充分发挥各种有利因素,广开渠道,开展各种阅读活动,使学生得法于课内,受益于课外,起到优势互补的作用。一是根据教学内容,运用好《语文补充阅读》;二是组织学生到阅览室进行专题性阅读;三是鼓励学生根据自身情况,自由借阅,每周必读一本。

开展课外阅读,应注意以下几点。

(1)要有目的、有计划地安排读书活动。

(2)让学生学会选择读本,做到内容适宜,口味相符,有益身心。

(3)要教给学生阅读方法,如做好笔记等,培养认真读书的习惯。

(4)不断激励,持之以恒,养成自觉读书的良好习惯。

2. 自办小报,使才能充分展示

现代科技的发展,要求一个人不仅能动脑,同时又能动手;不仅善于研究探索,又能勇于实践;不仅有知识创新,还要有技术创新、工艺方法的创新。语文课外活动中如何提高学生的语文素质,如何培养创新意识和动手能力,是我们语文教师值得研究的课题。自办小报是一个极好的途径。办好一张小报,要经历收集采编、设计排版、书写绘画等一系列复杂过程。这些过程的完成要靠学生做出许多努力,做多方面工作,其中体现了个体的创意和操作水平,是学生综合能力的展示。教师可根据某一主题,让学生将课内外相关知识汇编成各种小报。

自编小报,也应注意几个问题。

(1)主题选择要恰当精心。一是学生喜闻乐见,二是资料来源要广,便于学生采集信息。

(2)合理安排办报次数,一般来说,一学期不超过 4 次(每月一次)。

(3)体现兴趣性。不必强求每人 1 份,非交不可,以免给学生带来心理负担。

(4)注意点评激励,使他们越办越爱,越办越好。

3. 开展竞赛,让欲望不断迸发

学生爱自我表现,具有较强的荣誉感。开展多种竞赛活动,能有效地调动学生的学习积极性,激发他们的创造和表现欲。在争相表现和争获荣誉的过程中,充分表现出创优的热情,创造的欲望也自然被激发。因此,教师可在语文课外活动中适当组织开展一些竞赛活动。如书法比赛、朗诵比赛、故事大王比赛、小报评比、作文竞赛、演讲比赛、红色歌曲比赛等。通过各种竞赛,激发他们学好语文的欲望,从而努力学习,不断进取。

除了以上几种,还有许多形式,如参观访问、“信息交流会”、排演课本剧……总之,多种形式的语文课外活动,有助于学生增加知识积累,得到智慧启迪,陶冶思想情操,有助于提高学生的语文素质,培养学生的创新意识和动手能力。

语文教学的各项原则组成是一个完整的体系。在教学实践中,它们各负其责又相互配合,从不同侧面指导着语文教学,教师只有全面、深刻地把握各项原则的本质、特征、要求，了解它们之间内在的逻辑关系，并能在教学过程中准确灵活地运用，方能收到理想的效果。

三、高效率发展的原则

确定该原则的依据有以下几个方面。

（一）由语文的基本属性所决定

语文是人类最重要的交际工具。它不仅是人类表达思想、交流思想、传达信息的工具，而且是人类思维的工具。这是语文学科的基本属性。

一切工具的价值在于使用，在于操作。语文这个工具也不例外。语文这个工具的价值，反映在人类社会生活的方方面面。语文是人们学习、工作和生活的基础，语文能力是人们生活中必备的能力，就一个正常的人来说，听、说、读、写、思任何一种语文能力的缺陷，都会给人的正常生活带来不便。人类作为社会化的高等动物群体，随时随地都可能进行信息的传递，思想情感的交流，随时随地都会有听说读写的语文活动，语文教学必须关注语文的这个属性，尽可能地将语文教学与现实生活结合起来。

（二）语文综合性与社会性的要求

语文不仅是人类最重要的交际工具，而且是人类文化的重要组成部分。人类以语言文字为工具，建构了一个以社会科学、自然科学和艺术为标志的庞大的人类文化系统。这个系统展现了人类的高度智慧，记载着人类文明进步和发展的轨迹。语文教材正是从人类文化系统中撷取出一篇篇有着深刻思想内容和巧妙艺术形式的典范文章，这些文章构成了“语文教材”这个新质系统，使语文教材具有“百科全书”的性质。

（三）有利于克服课堂语文教学的局限

17 世纪夸美纽斯在《大教学论》中系统阐述班级授课制的基本理论后，课堂教学这种形式便在全世界推广开来。它解决了人口剧增和教师相对不足的矛盾，扩大了受教育对象的数量和范围，对人类文明的传承和社会的发展起了极大的推动作用。在教学上，其优点还表现为课堂教学便于组织和管理；便于传授知识和提高教学效率；便于发挥教师的主导作用等等。但其局限性也非常明显：不利于发展学生的特长；不利于培养学生的个性；不利于学习与生活的沟通。在当今的语文课堂教学中，其局限还表现为教师主宰课堂，讲解过多，把语文课上成了语言、文学知识课，学生读写量过少，语文教学严重脱离现实生活。因此，当前许多教育家认为，语文的外延与生活的外延相等，语文教学应该得法于课内，广收获于课外。语文教学必须与社会相沟通，只有把课堂的语文学习和课外的语文学习结合起来，把课堂的语文教学和课外的语文运用结合起来，才能改变语文教学低效率的状况，提高语文教学的水平。[①] 贯彻该条原则需要做到以下两点。

1. 树立信息时代的语文教育观

在信息时代，新知识的巨流排山倒海般地涌来，知识的更新速度极快，人的大脑永远来不及包容如此快速、巨大的信息量。人们必须学会收集、整理和处理信息。信息时代语文教学的主要任务是让学生学会学习，学会学语文，学会收集和整理信息，学会融会贯通，形成良好的语文习惯和语文能力。

2. 语文教学生活化

作为一门综合性与社会性很强的学科，语文学习的外延已扩大到人类的一切言语活动。一切听、说、读、写的活动，都是广义的语文学习；一切文字及声像资料，都是广义的语文教材。语言是社会现象，人们是在社会生活中学习语言的，语文无时不在，无处不在。在教学中，语文教师要充分认识到社会生活中语文习得的作用。社会生活中的语文自然习得在天天延续，它是丰富多彩的，是生动活泼的。因此，在教学中，我们应把课堂语文教学与课外语文学习看成一个整体，千方百计寻找课堂语文教学与社会生活的联结点，把语文教学与其他学科的有关内容结合起来；把课堂语文教学与学校生活结合起来；把课堂语文教学与家庭生活、社会生活结合起来，保持学校教育、家庭教育和社会教育的一致性。现

① 刘永康，翟启明. 中学语文教学论[M]. 成都：天地出版社，2001.

代社会给我们提供了报纸、杂志、图书、广播、录像、电影、电视、VCD、DVD、计算机终端和信息高速公路等多种信息载体和信息传输方式，使人们克服了学习的时空局限。线上教学使学生在家里就能接受到优秀教师的学习指导。语文工作者和科技工作者合作开发的语文学习软件层出不穷，使语文学习更加动态化，充满生活情趣，因此，加强语文教学与生活的联结势在必然，语文教学必须社会化、生活化。语文教学生活化是加强语文教学与社会沟通，提高语文教学效率的又一条良好途径。

四、全息式发展原则

确定该原则的依据有以下两个方面。

（一）语文教学目标的多元性

语文是以培养学生听、说、读、写能力为主要目的和主要内容的文化基础课。语文的综合性特点决定了语文教学目标的多元性。现代教育越来越重视认知、技能和情感等多种目标的协同达成，强调知、情、意、行的有机统一，语文教学中确定此原则，正是在语文教学中贯彻这种现代教育理念的体现。语文教学中“获能”即培养学生听、说、读、写能力，是语文教学追求的首要的和基本目标。在培养语文能力的过程中，必须发展学生的智力品质。这是因为语言和思维往往是二位一体的，思维是语言的核心，语言是思维的外在形式。语言活动受制于思维活动。语言的准确性受制于思维的逻辑性，语言的生动性受制于思维的形象性，语言的新颖性受制于思维的创造性。语言与思维密不可分。因此，在语言文字训练中，必须进行思维训练，发挥语文的“益智”作用。

语文又是人们表情、达意、载道的交际工具。语文的运用是凭借言语进行的。语文教材的选文一般都是文质兼美的典范言语作品。这些作品熔铸了人类闪光的智慧、崇高的精神境界和高尚的道德情操，都是人们运用语言表情达意、载道的结果。学生要学好语文，必须对言语作品进行认真的阅读、品味和体验，研究文章是怎样表情、达意和载道的，并在思想情感上受到潜移默化的影响。可见在语言文字的训练过程中，加强审美教育和思想品格的陶冶，是语文教育的题中之义。

(二)完全信息理论

完全信息理论是要求通过对事物的一个“全息元”的研究,去探求事物在空间存在时其整体情况的全部信息的一种认识方法。它是通过某些能充分反映整体特征的个体而总结出事物必然规律的认识方法。将全息论运用于语文教学,要求教师首先必须选准典范文章,在需要和可能的情况下,在教学时务必输出全息。教师要统筹全局,着眼全息,精当取舍,要尽量杜绝因信息不全而导致的断章取义、信息失真。语文教学目标具有多元性。语文教学具有培养听、说、读、写能力,发展智力,培养学生非智力品质,对学生进行审美教育,陶冶学生情操,健全学生整体人格,提高学生文化素养等多重功能。语文教师要利用好语文教材,兼顾语文教学的多元目标,科学地设计教学,充分发挥课文的例子作用,全面育人,追求语文教学的整体效应,从而提高语文教学质量。

贯彻该原则需要做到以下几点。

1. 加强学生的语文能力的培养目标

在教学中,要明确语文教学的目标。语文教学有知识目标、能力目标、智力目标、审美教育与思想品德教育目标。语文的工具性决定了语文能力是语文教学多元目标中的首要目标,语文教学的核心是听、说、读、写能力的培养,学生只有具备了上述能力,才能自觉地学习语文和运用语文。因此,在语文教学中,要科学地处理传授知识、培养能力和发展智力的关系。语文知识具有非常宽广的领域,它包括文字知识、语言知识、逻辑知识、听说读写知识、文学知识等,它们是语文能力训练的基础和凭借。语文教学不能以语文知识代替语文能力。语文能力必须在一定的听、说、读、写训练中才能形成。因此,语文教师要充分认识到语文能力形成的规律,坚决克服过多分析讲解的时弊,通过课堂语文教学,把学生引向广阔的听、说、读、写空间。通过大量的听、说、读、写实践,培养学生的语文技能,形成良好的语文习惯,最终形成学生较强的语文能力。

2. 在注重训练中,培养学生的思维能力

语言是思维的外壳,思维是语言的核心。语言和思维密不可分,它们相互依存,缺一不可。所以,要提高学生的语言水平,必须进行思维训

练。思维能力提高了，语言能力就会得到相应提高。因此，在语言文字训练中要加强学生的思维能力。

语文教学为学生思维训练提供了广阔的训练空间。在阅读教学过程中，教师应引导学生遵循由整体到部分，或由部分到整体的阅读理解过程，既是对学生进行语文训练，又是对学生进行由一般到个别，或者由个别到一般的思维训练。就各类文体的教学来看，文学作品和记叙文的教学，可以对学生进行形象思维训练，培养学生的联想和想象能力，并同时进行语文训练。说明文和议论文的写作，离不开逻辑思维。说明文要运用分析、综合的逻辑思维；议论文要运用判断、推理的逻辑思维。学生作文，从构思到行文成篇，既是一个运用书面语言来表达自己思想感情的过程，又是一个积极的思维过程。课文的教学也是如此，学生朗读、复述、编写提纲、回答问题、对课文进行缩写、扩写和改写等等活动，既是对学生进行语文训练，同时也进行了多种思维训练。所以，教师要精心设计课堂教学，在语文训练中，有意识地强化思维训练。在教学中要遵循启发式的教学原则，通过创造性的语文教学指导，充分调动学生思维活动的积极性，使学生在语言文字训练中受到科学的思维训练，发展学生的智力。

3. 加强文学教育，培养学生的审美能力

文学作品具有较大的认识作用、教育作用和移情作用，对于培养学生的语文能力，发展智力，培养学生的悟性、灵气和文学素养，形成学生健全的人格，提高文化品位，具有整体功能。文学作品是以语言文字为媒介塑造形象反映生活的。语言文字在读者头脑中唤起的不是视觉形象，而是想象形象。那些想象形象，我们叫作意象。在文学作品的教学中，首先，教师引导学生感知、诵读、体味文学作品，使学生进入文学作品所描绘的意境中。通过阅读，将作品展示的一个个艺术形象通过联想与再造想象重新组织为读者自己头脑中的整体意象。其次，利用艺术形象和生动的情境，激起学生的情感体验，使学生整个身心投入到文学作品的欣赏中。阅读任何文学作品，都包含有艺术的欣赏、道德的欣赏和理智的欣赏三个因素。它们通过读者阅读欣赏文学作品而对读者发生影响。艺术的欣赏是通过对艺术美和自然美的欣赏来实现的。艺术的欣赏可以引起情感的共鸣，产生移情作用，陶冶学生的情操，提高学生的审美能力。道德的欣赏是对文学作品艺术形象所反映出来的道德观、道德行为欣赏，它可以培养学生高尚的人生理想和健康的思想品格。理智的

欣赏包括对科学知识、客观真理、人类理性等的欣赏，它可以培养学生求知的兴趣、探求真理的精神和科学的思维方式。第三，品味语言。通过对作品中形象生动、丰富新颖、感情充盈、色彩鲜明、耐人寻味的语言的咀嚼、品味，使学生认识文学作品的艺术特点和语言技巧，自觉、主动地品读原著或其他文学作品，有意识、有目的地向文学作品学习语言，从而促进语文能力的提高。

第二节　中学语文教学的方法研究

一、语文学习之法

（一）学习之法的重要性

现代教学论认为，教学是教师的教和学生的学的双边活动。教学的本质是教会学生自己学，学是教的前提，学的规律是教的规律的基础。《礼记·学记》："善学者师逸而功倍，不善学者师勤而功半。"研究学生学习过程和学习方法的规律，是提高教学效率，搞好教学工作的前提条件。所以教师不仅要研究教的规律，还必须研究学的规律，并在教学活动中对学生的学习方法做出切实有效的指导。对于掌握学习方法的重要性的认识，古人很早就有非常形象的比喻，如："授之以鱼不如授之以渔""授人以猎物不如授之以猎枪"。我国近代思想家、教育家梁启超先生曾说，"教员不是拿所得的结果教人，最要紧的是拿怎样得着结果的方法教人。善教人者，是教人的研究方法。"法国思想家卢梭也阐述过类似的观点，他说："问题不在于教他各种学问，而在于培养他有爱好学问的兴趣，而且在这种兴趣充分增长的时候教他以研究学问的方法。"英国生物学家达尔文直截了当地说："最有价值的知识是关于方法的知识。"可见，方法的学习是最重要的学习。指导学生科学的学习方法，是教学工作的重要任务和必不可少的手段。①

学法在我国传统教育理论中尚未形成系统的理论，主要原因是农业经济形态下的教育内容更新速度缓慢，知识形态单一，以讲授和传授知识为主的教学方法基本上能适应教育教学活动的需要。随着社会的发展和科技的进步，人类的生产生活日新月异。知识的无限性和学生在校时间的有限性之间的矛盾，迫使人类不得不改变以传授知识为主的教学方式为培养学生的能力、发展学生的智力和培养学生健全的人格。自近代以来，人们逐渐把学法作为教学方法中相对独立的成分来加以考虑。特别是近年来，人们重新界定了教学工作的基本内涵与外延，对学法在整个人生发展中的作用和意义进行了较深入的研究，把研究的视野扩展到知识的积累、能力的培养、智力的开发和个性的塑造等诸多方面。由于学法研究与学法指导是一个正在兴起的新课题，加上人们知识和经验的差异，认识的角度和所持的教育观不同，对学法指导的认识还有差异。透过它们之间共同点和差异方面的认识，我们仍然能较全面地把握学法指导的基本规律，并运用它指导我们的教学实践。

（二）学习之法的深刻性

学习是一种非常复杂的现象，它涉及学习的目的、内容和形式，也涉及学生的内部过程和外部影响。人们从不同的角度对学习进行了深入的研究和分类。分类的依据不同，采用的学习方法也就不同。这些方法都是建立在一定的教育学、心理学和哲学基础之上的，并且有深刻的理论和实践意义。

我国学者从学习内容这一角度将学习分为知识的学习、智力技能的学习和社会行为规范的学习。

对学习的分类，有助于我们更深刻地认识学习活动的本质规律，采取更有效的决策和方式方法提高教学效率。对学习的分类，还有助于我们改变陈旧落后的教学方法，选用适合社会和学习个体发展的学习方式进行学习，以适应社会的发展。例如“发现学习”理论的产生，一方面它是学习分类的一种方式、一种结果，它产生的深刻原因是为了解决新时代知识产生的无限性和人们学习时间的有限性之间的矛盾。对于语文

---

① 王昱华，徐洪岩．中学语文教学探索[M]．成都：电子科技大学出版社，2015．

学科而言，在当前倡导“发现学习”，对于改变教师讲解过多，分析过细，只重视知识的传授而忽视语文能力的培养，忽视智力的开发等等弊端，具有较大的现实意义。“发现学习”反对注入式教学，反对把现成的知识直接呈现给学生，主张通过教师的引导，让学生自己独立从现实生活或给定的材料中去认识事物，去概括原理、法则和规律，去掌握知识。布鲁纳说：“发现不限于那种寻求尚未知晓事物的行为，更确切地说，发现包括用自己头脑亲自获得知识的一切形式。”“发现学习”对于激发学生的学习兴趣，培养学生对事物的好奇心，对于培养学生的探索精神和形成勤于思考、勇于创新的思维习惯，具有很大的价值。可见，任何学习方法的产生，都有其深刻的理论基础和现实价值。

（三）学习之法的系统性

系统理论认为，任何事物都是以系统的方式存在的。世界上事物林林总总，均以系统的方式存在，并且都可以以系统的方式得到认识。任何事物、现象和过程，都自成系统，又互相组成新的系统。一事物一旦脱离这一系统，就必然进入另一系统获得一种新质。任何系统既是某一类系统的母系统，又是另一系统的子系统，所以，任何系统可以在不同的层级中，并且可以以不同的新质得到认识。根据该理论，我们可以把中学语文教学看作一个系统，语文学习方法则是这个系统的子系统，我们从不同的角度认识这个系统，会得到不同质的认识，并通过这些认识，把握学习的基本规律。例如，从语文能力培养方法这个系统中，我们可以得到听的方法、说的方法、读的方法和写的方法。从写的方法这个系统中，我们又可以得到审题法、构思法、叙述法、抒情法、描述法等等方法。又可以从描写方法的角度得到人物描写法、环境描写法等系统。我们可以从人物描写法中得到肖像描写法等系统，还可以从肖像描写系统中得到画眼描写法、语言描写法、行动描写法、心理描写法、内心独白法、特写法、细节描写法、幻觉描写法……凡此种种。可见学习方法也是以一定的系统存在的。在学习方法的指导中要注意学习之法的系统性，既要注意具体方法的指导，又要放在一定的学法系统中，注意学习之法的内在联系，追求学法指导的整体功能。①

① 刘永康，翟启明．中学语文教学论[M]．成都：天地出版社，2001．

(四)学习之法的规范性

学习方法是人类在追求文明和自我发展进程中留下的智慧宝库,其内容十分丰富。每一种有价值的学习方法,都是人们在不断发展的学习实践中探索总结出来的优秀文化成果。今天,学习方法不仅接受实践的检验,还受到教育学、心理学和教育哲学等学科理论的论证,教育科学越发达,学习之法的价值越能受到检验。学习之法在教育发展史上以优胜劣汰的方式延续着其自身的发展轨迹。所以,规范性是学习方法接受理论和实践检验的一个基本尺度。在新时代,我们会不断摸索适合时代需要和个人发展的新的学习方法,我们必须使这些学习方法得到理论和实践的检验,这是学习之法的规范性的要求之一。

每一种学习方法,都有其基本内涵和适用范围,都有着自身的结构模式和实践价值,这是学习之法的规范性的又一特征。例如练习法,它是学生掌握知识,通过训练形成能力的基本学法。其基本模式为系统复习、辨明题意、运用知识、解答操作。再如提要法是一种基本的阅读方法,其内容包括段落结构提要、情节结构提要、人物评价提要、景物描写提要、论点论据提要、论证结构提要、重要词语提要、精彩语句提要等,其基本模式为精读理解、提取要点、选词择句、标示纲目。所以,在学法选择时,要根据学生的认知规律和学习内容,选择恰当的能切合教学实际的学习方法,并在学习活动中接受一定时间的实践检验。如果可行,则在学习中要形成适合个人性格的相对稳定的学习方法体系,形成一定的学习风格,从而形成较强的语文学习能力。反之,则另寻他法。

二、语文指导之法

我们知道,在知识剧增的信息时代,学会学习、掌握科学的学习方法已成为学校教育的主要任务之一。对于语文这门基础学科来说,方法的指导也尤为重要。语文教师要系统掌握科学的语文学习方法,根据教学内容和学生的认知特点,研究学法指导艺术,利用多种方式对学生进行学习方法指导,使学生掌握适合自己个性特征和认知特点的学习方法。学法指导的方式有以下几种。

(一)授予方法

教师充分发挥自己的主导作用，通过自己的组织、讲解、参与，系统传授学习方法和因材施教进行学习方法的指导。

1. 集体授予法

刚进入某一学段学习的学生，内心充满一种期待，他们希望在新的阶段有较大进步，成绩好，出类拔萃，受到班级同学的认同，受到老师的关注。一般情况下，他们在以往的学习生活中，已初步了解一些学习方法，但这些方法对于学生来说，要么不科学，效果不佳，要么所掌握的学习方法零碎、不系统，他们此时对老师产生了较大的学习期待，希望老师教给最有效的学习方法。在这种情况下，教师要针对学生的期待心理，利用各种场合，进行学习方法指导。可以在课前指导学习方法，可以在课堂教学中指导，也可以在课后指导，还可以开设专门的语文学习方法指导课。集体授予法的传授者，既可以是教师，也可以是优秀学生，或者是听、说、读、写诸能力中某方面能力特别突出者，通过这种方式，使全班都得到系统的、科学的学习方法指导。

2. 资料介绍

教师应借助文字图书资料、报纸杂志、声像材料和电脑多媒体教学材料，多途径地向学生介绍科学有效的学习方法。古今中外名人求学论学的故事和名人论学的格言警语，都可以通过讲故事、板报、壁报、手抄报的形式介绍给学生。

3. 专题讲座

教师可以在课堂内外，以专题的形式进行学习方法指导。如“怎样成为好辩手”“愉快读书之法”“毛泽东的读书生活”“学与思的关系”等等。也可以就学生学习中出现的问题以讲座的形式进行诊治，通过讲座，矫正学生的不良行为，如“作文内容空洞的原因”“一天可读几本书”“应该这样读名著”等等，通过这些讲座，就学生学习中存在的普遍问题进行剖析，指导学生掌握科学的、系统的学习方法。

4. 讨论竞赛

教师要创造条件经常介绍一些优秀的学习方法让学生学习思考，让大家充分讨论该学习方法的优点与不足。学法介绍既可以由老师介绍，也可以由班上某同学介绍，大家讨论。还可以将不同的学法进行比较或对比分析，使学生充分认识到学法的价值，以及科学选择学法的重要意义。

教师还可以在学法讨论之后，立即进行运用某学法的学习效果比赛，例如，学生们讨论“循思路背诵法”后，教师可引导学生进行“看谁记得又快又牢”的背诵比赛。讨论了阅读和作文学习方法之后，即可进行阅读和作文比赛，使学生把学习方法的理论分析和学习实践结合起来。

5. 个别辅导

学生的个性和认知结构的不同，共同构成了学生的个别差异。个别差异是进行个别辅导的前提条件，个别辅导是因材施教的具体体现。个别辅导一般有两种情况较为普遍：一种是对特长生的辅导；一种是对学习障碍生的辅导。对于前者，要针对他们的特长，给他们创造施展才华的条件，保护他们的天赋，发展他们的潜能，鼓励他们的求知欲和探索精神，并通过个别辅导，发展他们多方面的才能，促进他们全面发展。对于后者，教师应创造和谐、宽松、友爱的教学氛围，杜绝对学习障碍生的歧视和冷嘲热讽，多一份耐心，多一份爱心。要帮助学生分析产生学习障碍的原因，针对障碍原因，采取切实有效的补救措施，对他们的微小进步，都要加以鼓励，提高他们的自信心，帮助他们掌握一套适合自己学习情况的行之有效的学习方法，鼓励他们持之以恒，获得成功。

(二)示范指导

教师应通过自己的学习活动和学习过程，给学生做出学习示范。听、说、读、写，身教言传，把具体的学法渗透到课前预习、课堂教学和课外指导中，渗透到学校外的日常生活中，并及时表扬优点和纠正缺点，引导学生探索和运用科学有效的学习方法。

1. 身教言传

教师自身要加强多方面的语文能力的培养，务必在听、说、读、写方面给学生做出应有的示范。以往的语文教学中，有的学生喜欢语文，并不是从喜欢语文课本身内容开始的，而是从崇敬某位语文教师开始的。所以语文教师的威信对学生的语文学习积极性有较大的影响。学生对自己崇敬的教师的指导，往往容易欣然接受，并把其作为自己仿效的榜样。因此，教师应抓住这种契机，在听、说、读、写的方法和良好的语文习惯方面给学生做出表率、做出示范。

在听的方面，注意良好的行为习惯，专注地听，在听话时做出恰当的回应。尊重对方，不随便打断别人的话，边听边思考，准确地理解别人说话的意思；在说话方面，力求语言有较强的表现力，干净利落，吐词清晰，语言富于幽默感。[①] 在阅读方面，教师要把自己良好的阅读习惯呈现给学生，如读写结合的习惯，勾、划圈、点的方法，做笔记和做卡片的方法，快速阅读和精读的方法，收集信息和整理信息的方法。在写作方面，教师应坚持写“下水作文”，诗歌、随笔、教学札记，各种文体要勤于练习。在写作实践中，指导学生观察生活、感受生活，收集和整理作文材料，并把自己构思谋篇的思维过程呈现给学生，从而在听、说、读、写思维方面给学生树立效仿的榜样。

2. 教学渗透

巴班斯基说：“在教学方法的结构中应反映教师活动和学生活动的统一性。”现代教学论确立了学法指导在教学中的地位，学法指导是教学内容的一个重要组成部分。因此，语文教师应结合教材内容，在听、说、读、写的各个环节贯穿学法指导，把课程内容的教学与学习方法的指导有机地结合起来。训练听说能力，则融入听话训练的方式方法和技巧；训练阅读能力，则介绍阅读之法；训练写作能力，有机地介绍作文构思谋篇、布局成文、修改求好的方式方法。这样，通过多次的刺激和强化，通过认知结构的重组，在学生头脑中形成学习方法的“认知地图”，使学生掌握系统的学习方法。

---

① 刘永康，翟启明．中学语文教学论[M]．成都：天地出版社，2001.

3. 指点矫正

在教学活动中，教师不仅要研究教法和学法，还应关注学生运用学习方法的过程。语文教师应该把学法指导落实到每个学生身上，哪些学生喜欢读书而口头表达能力较弱，哪些学生阅读量不足而知识面狭窄，哪些学生思维呆板而缺乏灵活性，哪些学生爱好新法而缺乏恒心……对于每位学生的学法情况，教师都应有基本的了解，只有在了解的基础上，才能对学生相机诱导，指点学习方法的精妙得失，纠正学习方法上的偏差。

（三）自我迁移

教师在授予方法、标范指导的同时，要充分调动学生的主观能动性，让学生自省、自悟、自得。教师要充分利用教材的例子作用，使学生在听、说、读、写的学习活动中，在日常的语言实践活动中自己探索语文学习的规律。

1. 教材导悟

语文教材是基于一定社会的教育要求和学生认知发展阶段，经过语文教育专家们精心选择和编排好的教学用书，它是教的凭借，是学的范例。范文蕴含丰富的人文内涵，展示自然美、社会美和艺术美，构成了琳琅满目的美的世界，反映了人类社会几千年的荣辱兴衰，它不仅给学生提供了听、说、读、写能力训练的典型范例，还提供丰富的语文知识和其他学科的文化知识，使学生受到审美教育和思想感情的陶冶。教师要利用好语文教材这个例子，充分调动学生学习语文的主动性和积极性，引导学生循文求意，因意悟文，使学生自读、自悟，领悟语文学习的规律。

2. 学中求悟

教师在传授和示范指导学法以后，要引导学生把所学的方法直接运用于语文学习实践。学生可以把自己摸索的学习方法与从他人那里借鉴的方法进行对比实验，进而分析比较，在知识的学习上，两种方法孰优孰劣？哪种方法长于知识的学习？那种方法长于能力的培养？哪种方法长于智力的开发？自己目前是更需要积累语文知识，还是更需要培养语文能力？哪些能力比较薄弱，这些能力需要用怎样的方式进行训练？通过对这类问题的分析比较，恰当选择学习方法并经过加工改造，建构适合自身学习需要的语文学法系统。所以，学中求悟，是学习者把他人之法整合到自己之法中的关键环节。

3. 常规得悟

常规得悟，指在日常的语言交际活动中对语言规律和语文学习方法的自我领悟。在生活中，当我们听到他人侃侃而谈、妙语连珠时，我们会情不自禁地思考他运用语言的艺术；当我们读到他人文章汪洋恣肆、如行云流水时，我们会情不自禁地朗诵吟咏，并分析其写作特色，模仿其表达艺术；我们游览古刹亭楼时，常常被那里的楹联、碑刻所吸引，一个牌匾，一副对联，一段碑文，常常使我们驻足品味，引起我们的思考；观其书法、析其内涵、发其微义、述其心志，从而在日常活动中发展了语文能力，进而领悟到语文学习的真谛。因此，在日常生活中，要使学生领悟到语文学习需要留心生活，日积月累。积淀，是语文能力形成的规律，语文习得同语文学得一样重要。

(四)教会思考

孔子说："学而不思则罔，思而不学则殆。"这说明了学思结合的重要性。语言是思维的物质外壳，思维是语言的核心，因此，在语文学习中，教师要教会学生思考方法，使学生学思结合，语言能力与思维能力得到同步发展。语文学习中的思考方法很多，这里介绍几种基本的思考方法。

1. 求同法

求同法是指根据已有信息，向某一方向思考，力图得出某一个符合逻辑的正确答案的思维方法。运用求同法，可以在不同事物的比较、辨别中，透过现象而抓住事物的共同本质。在写作中运用求同法，可以从众多的相同或相似的生活现象和原始材料中寻求其内在的本质和规律，提炼主题，并使其具有普遍的意义。在阅读文章时，运用求同法可以从众多的事实或现象中深入内部，触及其实质，从而领会文章的主旨。如某教师执教《愚公移山》时，提出"愚公笨不笨"的问题让学生分为"笨派"与"不笨派"进行讨论，这是求同法训练的一个范例。

2. 求异法

指打破常规，摆脱习惯思维定式，大胆质疑探索，对现成的结论从新的角度进行思考，从而得出新的看法的一种思维方法。求异的实质是创新，所以，求异法是一种最富于创造性的思考方法。例如，在写作“有志者，事竟成”这个题目时，有人发现有许多有志者，并没有实现自己的志向，转而论述“有志者，事未必成”，分析有志而志不达的多种因素，提出有恒志、勤用功、择方法、善思考等因素对实现理想的重要意义。文章立意新颖，言之成理，使人耳目一新。又如你写作“皦皦者易污”，他偏偏论证“出淤泥而不染”；你说“三个臭皮匠，胜过诸葛亮”，他偏偏说，刘备为一方军阀，手下何止三个臭皮匠？刘备为何要三顾茅庐去请诸葛亮？因而他论述“杰出人物的领导作用不可忽视。”求异法在写作中有重要的意义。写作是一种创造性的劳动，文章最讲究新颖、独特，富于个性。求异法能拓展新路，独辟新径，帮助作者写出新颖独特的文章来。求异法在阅读教学中能帮助读者对文章获得新的认识，可以培养学生求新、创造的意识，所以，这种思维在今天的教学中具有很大的实践价值。

3. 形象法

思考始终伴随着具体可感的形象而进行。在课文阅读和作文构思时，以具体的表象作为思考材料，通过具体的人物、生活场景、细节来反映作者对社会生活和客观事物的认识。在把握情节、分析人物形象、体验文章的意境时，通过想象、联想、幻想等思维方式，激活生活经验和对生命、社会的体验，使自己入情入境，并因此进入作者的情感世界，产生移情作用。形象法在作文构思、阅读理解、情感体验和诗文背诵方面具有很大的价值。

4. 灵感法

灵感法也称顿悟法。它是人们从事文学创作或解决某一问题时，由于外在某一因素的触动而产生的一种突发性的创造思维活动和方法。灵感的产生要经历压抑、激发、顿悟三个阶段。思维高度集中而解决方法不可得，这是压抑阶段，偶然间被某些因素所激发，精神为之一振，产生顿悟，于是进入灵感思维状态，这是激发阶段和顿悟阶段。

灵感思维是“长期积累，偶然得之”的一种思维状态。没有长期的观察、体验和思考，就不可能得到偶然的触发。因此平时要多阅读，多观察，多思考，勤写作，广泛地收集信息和存储信息，这是灵感产生的基础。解决问题时要全身心投入，高度动脑，达到忘我境界，这是灵感产生的必要条件。思考问题时要努力摆脱思维定式，多方面触发灵感的产生，并即时捕捉灵感。

5. 联想法

联想法是把某一领域中的事物与其他领域中的事物联系起来思考并用来激发新的认识的思维方法。联想是拓展思维活动的重要手段和桥梁，是开阔思路、爆发灵感的触发剂。培养学生的联想能力，首先要引导学生贮存大量的知识和生活表象，并对头脑中的表象进行比较、分析和归类，使其有序化排列。教师要引导学生经常性地进行联想练习，并经常运用于写作实践和阅读实践中。如秦牧的散文《土地》通过联想，写到了历史上的许多典故，又写到现实中改造土地的宏伟图景；生长万物的土地，统治者重视它，占有它；劳动人民热爱它，利用它；还写到作为国土的土地，人们珍惜它、保卫它、寸土不让的感情……该文运用联想法，充分展示了散文"形散神聚"的特点。

6. 发散法

指思考问题时，从事物的某一定点出发，各路扩展，八方散射，提出多种设想和解决方案的思维方法。传统的语文教学重求同，轻发散，严重制约了学生创造性思维的发展，发散思维有利于培养学生思维的多向性、敏捷性和流畅性。在阅读教学中，对课文的多角度理解，可以训练学生的发散思维，培养对文章的悟性。在作文教学中，对作文题目（或材料）的多角度立意、多角度写作，不仅能训练发散思维，而且能使学生写出立意新颖、见解独到的文章，因此，在教学中我们应充分发挥学生认知的内驱力，训练这种创造性的思维习惯，对学生创造思维的开发，对于提高语文兴趣，形成语文能力，都具有巨大的作用。

7. 归纳法

归纳法是人们在日常思维中从一些个别事例中，概括出一般性结论的思维过程。归纳法在发现规律、获取新知识方面具有重要作用，它是阐述问题和论证问题的重要方法，也是人们认识事物和表达思想的重要工具。归纳思维法有完全归纳法和不完全归纳法两种。完全归纳法要求列举所有的个别对象而推出结论,因而结论显得可靠。不完全归纳法不要求对全部“个别”进行归纳,而是从部分事物中归纳出一般结论。这种方法因为未全部考查推论的“个别”,因而难免产生以偏概全的错误。因此,用不完全归纳法得出的结论是否正确,还得拿到实践中去检验。

8. 演绎法

演绎法是从事物的一般属性出发推论事物特殊属性的思维方法。因为演绎法的一般性前提蕴含着结论,结论断定的范围没有超出一般性前提的范围,因而演绎法的结论是必然的。演绎法常常以表达已成定论的一般性知识判断为前提,而一般性结论正是运用归纳法的结果。演绎法不能提供新知识,但它却是人类重要的思维方法,对于加深对事物具体属性的认识,把握事物之间的关系,具有重要的作用。

第三章　中学语文阅读教学研究

阅读能力是人类使用最普遍的社会认知活动能力之一，是读者从书面文字中提取信息和加工信息总的心智过程，是顺利地进行阅读活动所必须具备的心理特征的总和。阅读作为一项认识世界和改造世界的能力，受到人们的普遍重视。对阅读能力逐层分解研究，并探讨它的发展规律，是科学培养阅读能力的前提，也是语文教学的重要组成部分。

第一节　阅读能力的构成及其发展

一、阅读能力的构成

对于阅读能力构成问题的研究在整个阅读研究中是非常重要的，因为只有知道阅读能力到底是什么、包含哪些能力，才能使阅读教学具有针对性和有效性。人们对阅读能力的认识上升到了阅读素养的高度。阅读素养不仅仅是学生在学校教育期间获得的一种阅读能力，而且也是一个人在经历的各种情境中，在与同伴及其所参与的更大的社会团体的相互作用下建构的一种可增长知识、技能和策略的能力。

心理学家认为，能力是一种本领，是指一个人能顺利完成某种活动的必要条件的心理特征的综合。

阅读能力是指使阅读活动顺利完成的个性心理特征，或指独立地完成阅读全过程所必备的个性心理特征。

早在 20 世纪 30 年代，我国的陈礼江就提出了“读法四要素”，即速度、理解、组织、记忆。20世纪40年代,艾伟又把阅读能力归纳为以下几方面:速度浏览,提取大意的能力;精心详读,记取细节的能力;综览全章,挈取纲领的能力;玩味原文,推取含义的能力。

张建华认为,阅读能力的基本功是理解和速度,核心是理解。构成阅读能力的因素有三个方面,分别为知识因素、思维因素、技能因素。

邙怀袭把阅读能力分解为认读能力、理解能力、分析吸收能力。

张鸿苓等人把阅读能力的发展划分为三个阶段:积累性阅读阶段、理解性阅读阶段、评判性阅读阶段。与这几个阶段有关,阅读能力包括认读能力、理解能力、鉴赏能力、思维能力四个方面。

韩雪屏等人认为,阅读能力是一个多侧面、多层级的复合结构。它可以划分为五个侧面:阅读的认知、阅读的理解、阅读的记忆、阅读的速度、阅读的技能。阅读据此可划分为四个层级:认知性阅读、理解性阅读、评价性阅读、创造性阅读。

PISA(Programmer for international student assessment)国际学生评价项目认为,阅读素养是指以个人为达到个人目标、增长知识、开发潜能以及参与社会活动而理解、运用和反思书面材料的能力。该界定已经超出了把阅读素养仅仅看作对字面进行"理解"和"解码"的阶段。它考虑了阅读者在从书面文本获得信息的同时,积极地参与到文本中来而形成的交互式的关系。该界定也认识到阅读素养对青少年起作用的所有情境,无论是从私人的到公开的,还是从积极的公民角色到终身学习者的角色,都清楚地表明阅读素养能够使个人的渴望得以实现——从明确地获得受教育的资格或获得工作的渴望,到那些虽不是当务之急却能丰富、扩展个人生活的目标。①

综观国内各专家的论述可以看出,他们的分析中有许多地方是相同的,不同的是使用的概念上有一些差别以及分析方法和层级划分的差别。综上,从语文阅读教学的角度可以将阅读的能力做如下的归纳。

(一)认知能力

认知能力指对词、句语义的辨析能力,它包括以下五个方面。

① 沈红.语文课程与教学研究[M].沈阳:辽宁大学出版社,2009.

(1)具备基本识字量和词汇量,这是阅读理解的基础。

(2)能了解在特定语境中的特定语义。特定语境既指上下文语境,也指情景语境。了解特定语境中的语义要求读者能辨析词语之间在语义方面的内在联系,这种能力也是理解字里行间隐含信息的前提。

(3)能推断陌生词语的近似语义。推断的依据大体上来自两个方面:一是上下文;二是词语中所含的语素。对陌生的词语或概念进行推断,把握其近似意义,这是消遣性阅读和自学中的常见现象,也是独立阅读中一种积极、能动的因素。

(4)能辨识结构复杂的长句。据调查,一个4～6岁的儿童已经能够掌握其母语语法规则的60%以上,因此对于一般句式,阅读时是没有困难的,阅读时析句能力的高低主要表现在辨析结构复杂的长句方面。

(5)能迅速、准确地理解图表和其他常用的非文字符号——图、表,可以将大量信息压缩在较小的篇幅之内。它是现代读物中一种常用的形式,其他非文字符号(包括标点)是传递信息的重要辅助手段,一个现代学生应当具备解读图表的能力。

(二)筛选能力

筛选能力是指从文字材料中迅速地捕捉关键性词、语、句、段的能力。它是阅读能力趋向成熟的标志,也是提高阅读效率的必要条件。阅读中筛选又可分为两类:

第一类为理解性筛选。这类筛选的目的在于正确地把握文字材料的内容,读者的着眼点往往在于各层或各段的中心句、关键词语、与全篇主旨密切相关的语段等,这是日常阅读所习见的方式。

第二类为检索性筛选。这类筛选的目的是根据特定的要求从书面材料中找出所需要的内容。在这种筛选中,读者甚至不一定了解所阅读材料的全貌,如到图书馆查阅索引、从参考书中寻找所需要的资料等。检索性筛选就是通常所说的带着问题读书,去寻找答案。

(三)阐释能力

阐释能力是指把读物中的词语转化成自己的语言的能力。这种语言的转化,阅读心理学上常常称之为"解码"。作为信息传递的一种形式,写作可以看作对文字符号的"编码",阅读则是对这种文字编码的解析。这种解析往往要转化成读者自己的语言形态,也往往只有从这种语言的转化中才能够看出读者的理解是否正确以及理解的深浅。阅读理解离不开读者自身的背景知识和生活经验,阅读中的语言转化也离不开读者自身知识、经验的参与。对读物内容的阐释的正误和深浅是阅读理解的重要质量指标。阅读中的阐释具有三种方式。

第一种方式是概括,即把具体的材料抽象化。这是阅读教学中最常见的方式,对全篇主旨或作者观点的概括,对各部分、各层次、各段中心的概括等,是阅读测试的常用方式。

第二种方式是解释,即对抽象的内容加以解说。这也是阅读教学中一种常见的方式。这种解释,有的是利用一定的知识加以诠释,有的是利用具体经验加以阐发,无论哪一种解释都需要读者具有相关的背景知识或经验,并且在阅读过程中有自身知识、经验系统的积极参与。

第三种方式是开掘。有的文字材料含有丰富的潜信息,有的语句由于情境、修辞的需要,采用了委婉、曲折、含蓄的表达方法,这些都需要读者按照自己的理解使隐含信息明示化。对于作者没有明白说出来的结论或观点往往需要推理,对于蕴涵丰富的内容往往需要分析。因此,这种开掘往往含有较为复杂的思维过程。

(四)组合能力

阅读是读者和作者一起来思考。因此,从读物中获取的信息必须纳入读者原有的知识、经验系统,才能成为读者自己的认识。这样就会发生读物原有思想材料的逻辑关系在读者头脑中的变化。在阅读过程中,读物思想材料的重新组合主要有两种方式。

(1)综合与归纳,即把分散在读物各处的材料加以合并或归类。这是阅读理解中常见的现象。这种综合与归纳有时候需要按照新的逻辑线索进行梳理,有时候需要读者用自己的语言加以概括。阅读测试中的答题往往需要这样的思维过程。

(2)调整,是指读物中原有思想材料间顺序的变化。这也是阅读理解中常见的现象。这种调整一般有两种方式:一种是原思想材料的重新排列。例如,文学作品中把倒叙、补叙改为顺序,把设置的悬念改为直述。再如,论说性文字把“提出问题—分析问题—结论”改为直接论述,或者改变角度重新表述。另一种是把原有的思想材料分类纳入自己原有的知识系统。后者在学习性阅读中是经常发生的。在这种情况下，读者会对读物中的材料进行取舍，重新归类，分别纳入自己原有知识系统的逻辑间架之中，从而使读物中材料的排列顺序发生面目全新的变化。

（五）鉴赏、评价、创造能力

鉴赏、评价、创造能力都是阅读理解中对原读物的扩展。鉴赏虽然属于阅读理解的较高层次，但并不是只有对较高年级的学生才能够做此要求。低年级学生对儿童读物也有一定的鉴赏能力，只是鉴赏的水平不同而已。鉴赏可以是对读物的整体而言，也可以是只对局部或一个细节而言，这就大大扩展了阅读鉴赏的活动领域。

评价指对读物是非、优劣的辨析，它兼及读物的内容和表现方式两个方面。评价也不是只有高年级学生才能具有的能力，但它需要学生具有更多的背景知识和阅读经验。因此，不是所有的学生对阅读的所有读物都能进行评价。在阅读测试中，它往往是较高年级的测试内容。

创造是指读者运用读物所提供的信息，产生超越读物原有内容的新颖、独特的见解或思路。创造并非少数杰出的发明家或艺术家所特有，而是人人乃至儿童都具有的可贵的智力品质。阅读教学中应该鼓励学生不拘泥、不守旧、敢于创新的精神，有意培养这种品质。

此外，阅读能力还包括支持终身阅读的行为和态度。阅读的行为和态度对个体在阅读型社会中最大化地实现自己的潜力具有巨大的作用。但是，这种阅读行为和态度无法通过阅读测试题目来测试，通常要通过问卷来评价。

二、阅读能力发展的阶段

阅读能力有一个从低到高的发展过程，教师应根据阅读能力的形成和发展规律，有计划、有目的地进行培养和训练。我国学者们也把阅读能力的发展分为四个阶段，但表述不尽相同。① 他们认为：学生阅读能力的形成，从小学到中学，可分为四个相对独立又互相联系的发展阶段，如图 3-1 所示：

① 王昱华，徐洪岩．中学语文教学探索[M]．成都：电子科技大学出版社，2015.

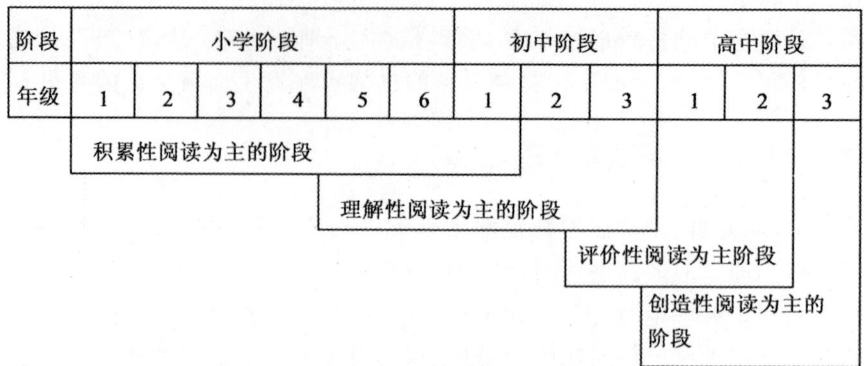

图 3-1 学生阅读能力的发展阶段

(一)第一阶段:积累性阅读为主的阶段

从小学一年级到初中一年级,这个阶段以积累性阅读为主,这是阅读训练的初级阶段。在这个阶段中,以指导学生识字、扩大识字量和词汇量为主要目的,同时兼顾语言积累、知识积累和生活常识的积累。主要是通过在教师指导下的范文阅读和自己广泛的课外阅读来进行有效的积累。这个阶段的主要方法是要求学生多朗读,让学生在朗读中熟悉书面语言,增强语感;要求小学生多背诵一些诗歌、名言警句和文章的精彩片段,积累常用词语、常用句式,掌握一些组词组句的规律。

(二)第二阶段:理解性阅读阶段

从小学六年级到初中毕业,是学生由积累性阅读为主逐渐过渡到理解性阅读为主的阶段。其中初中一年级是一个中介阶段。随着学生思维能力的进一步发展,他们在理解能力方面,从字、词、句、篇的理解逐步转入到全面、深入地理解文章的思想内容、形式和功能上。这种阅读水平的提高有一个由模仿到独立、由单项到全面、由浅近到深刻的分析综合的过程。

(三)第三阶段:评价性阅读阶段

从初中三年级到高中二年级,随着学生的理解能力、思维的独立性和批判性进一步增强,对文章的阅读评价能力有了一定的发展和提高。

评价，就是对文章的鉴赏，对中学生来说，就是要求学生对课文的内容或形式做出具体的评说。指出文章的得失利弊、作品的语言风格、现实意义、作品的社会功能等等。在这一阶段中，教师要继续提高学生的理解能力。评价性阅读是以理解为基础的，通过对文章的评价加深理解。同时，要指导学生运用正确的世界观和方法论去评价作品。

（四）第四阶段：创造性阅读阶段

高中二年级后直到高中毕业，是以创造性阅读为主的阶段。创造性阅读是指在理解、评价文章的基础上，触发新的见解，这种见解超越了文章的本身意义，是一种全新的思想。阅读只有发展到这个阶段，才能圆满地达到阅读的目的。这个阶段一直持续到新的学习、工作岗位和社会生活中。

在创造性阅读中，阅读的注意中心不在文章本身——不是为全面评价、欣赏文章；也不是把注意中心放在作者身上——不是研究作者的创造意图或思想观点，而是把注意中心放在要解决的问题上，时时把要解决的问题与阅读材料相联系由此及彼，推导出新的结论或新的思想。

第二节　中学语文阅读教学设计

一、阅读教学设计的含义

阅读教学设计是指教师在授课之前，在深入钻研教材、了解学生的基础上，在教学目的的制约下，对教学内容、教学方式方法、教学步骤做出科学的、合理的安排，以保证在规定时间内达到教学目标的总体设想。

二、中学语文阅读教学目标设计

据各学校大量调查和平时检查教师教案发现，很多的语文教师在制定教学目标的时候，没有依据课程标准和教材，也没有对教材进行个性化解读的能力，更没有研读教材、开发教材的能力，不能在阅读教学中实现“用教材教”，也不能对学生的年龄特点和学习能力进行一个恰当的分析，不明白中学语文阅读教学“教什么”，自然就更不知道“怎么教”。在教学设计中，一些教师阅读教学目标的设计存在问题。其中，中学语文阅读教学目标设计存在的问题就有：(1)主题错位，目标弱化；(2)贪多求全，目标泛化；(3)脱离实际，目标异化。脱离语文定目标，脱离教材定目标，脱离学生定目标；(4)含糊笼统，目标虚化；(5)盲目照搬，流于形式；(6)概念不清，表述不准。①

教学法指出中学语文阅读教学目标，是指以语文课程目标为根本依据，以语文教学目标为借鉴，从阅读教学的自身的性质和特点出发，按照不同的课文类型和课时需要来设置教学目标，其核心目标可以概括为：使学生通过语文阅读教学能够“具有独立阅读的能力，注重情感体验，有较丰富的积累，形成良好的语感，学会运用多种阅读方法，能初步理解、鉴赏文学作品，受到高尚情操与情趣的熏陶，发展个性，丰富自己的精神世界”。重点在于形成学生的语文阅读能力，掌握基本语文阅读技能，促进语文阅读素养养成，使学生具有感受、理解、欣赏和评价的能力。

(一)中学语文阅读教学的目标教学设计要求

1. 中学阅读教学的三维目标的设计要适合文本特征

研读新课标的精神，能实现“用教材教”，先要将教材能够分成不同的类型，用教材教，阅读教学目标的设计适合特征是指能够根据不同类型的文本确定相应的目标，对于每一个文本，需要去教最能体现该文本价值的那一点。所以研究需要先认真研读新课标，然后去看有关课堂阅读教学策略，加之教师对教材的解读，实现阅读教学目标设计适合文本特征。

2. 阅读教学三维目标的设计要能实现有效融合

三维教学目标是指“知识和能力、过程和方法、情感态度和价值观”。三维教学目标的设计要实现有效融合，也即是在阅读教学的各个过程、

① 郑勇．中学语文教学论析[M]．北京：中国书籍出版社，2016.

各个阶段都应该始终如一地贯穿三维目标整合的理念。

3. 阅读教学目标的设计要具有语文性

阅读教学目标的语文性是指目标的设计具有语文学科应该具有的工具性和人文性。那些偏离了教学目标的课是存在的，所以在语文阅读教学设计中如何根据不同的课型来建立一种模式，但是又不拘于模式。教学目标到底是重在工具性，还是重在体现人文性，拟对中学课本阅读文本进行梳理，结合《新课程标准》的新理念和新精神，来达到语文阅读教学目标的设置合理，有语文性。

另外，从阅读教学课型设计中也可梳理出不同课型的三维目标的设计。

（二）中学语文阅读教学目标教学设计的理论依据

1. 布鲁姆的目标分类理论

按照布鲁姆的"教育目标分类法"，在认知领域的教育目标可分成：知道（知识）、领会（理解）、应用、分析、综合、评价。

（1）知道（知识）：指认识并记忆。这一层次所涉及的是具体知识或抽象知识的辨认，用一种非常接近于学生当初遇到的某种观念和现象时的形式，回想起这种观念或现象。提示：回忆、记忆、识别、列表、定义、陈述、呈现。

（2）领会理解：指对事物的领会，但不要求深刻的领会，而是初步的，也可能是肤浅的。其包括"转化"、解释、推断等。提示：说明、识别、描述、解释、区别、重述、归纳、比较。

（3）应用：指对所学习的概念、法则、原理的运用。它要求在没有说明问题解决模式的情况下，学会正确地把抽象概念运用于适当的情况。这里所说的应用是初步的直接应用，而不是全面地、通过分析综合地运用知识。提示：应用、论证、操作、实践、分类、举例说明、解决。

（4）分析：指把材料分解成它的组成要素部分，从而使各概念间的相互关系更加明确，材料的组织结构更为清晰，详细地阐明基础理论和基本原理。提示：分析、检查、实验、组织、对比、比较、辨别、区别。

（5）综合：指以分析为基础，全面加工已分解的各要素，并再次把它们按要求重新地组合成整体，以便综合地、创造性地解决问题。它涉及具有特色的表达、制订合理的计划和可实施的步骤，根据基本材料推出某种规律等活动。它强调特性与首创性，是高层次的要求。提示：组成、建立、设计、开发、计划、支持、系统化。

(6)评价：这是认知领域里教育目标的最高层次。这个层次的要求不是凭借直观的感受或观察的现象做出评判，而是理性地、深刻地对事物本质的价值做出有说服力的判断。它综合内在与外在的资料、信息，做出符合客观事实的推断。提示：评价、估计、评论、鉴定、辨明、辩护、证明、预测、预言、支持。

布鲁姆的教学目标分类法中的设计问题，是按学习目标的要求使所提问题从简单逐渐发展到复杂，分层次提出问题，即按六个类型来设计问题。

(1)分层次提出问题——认知性问题。它是对知识的回忆和确认。

(2)分层次提出问题——理解性问题。它主要考查学生对概念、规律的理解，让学生进行知识的总结、比较和证明某个观点。

(3)分层次提出问题——应用性问题。它主要是指对所学习的概念、法则、原理的运用。

(4)分层次提出问题——分析性问题。它主要让学生透彻地分析和理解，并能利用这些知识来对自己的观点进行辩护。

(5)分层次提出问题——综合性问题。它能使学生系统地分析和解决某些有联系的知识点集合。

(6)分层次提出问题——评价性问题。它是理性地、深刻地对事物本质的价值做出有说服力的判断。

上述六种类型的问题中，前三类是属于初级层次的认知问题，它一般有直接的、明确的、无歧义的答案；而后三类问题属于高级认知问题，通常没有唯一的正确答案，从不同的角度有不同的回答。

在问题设计中，提倡课堂教学不能仅仅局限于初级认知的问题，在适当的时机，高级认知问题更能够激发学生的思维，从而培养学生的思维能力、观念和自我评价体系。

2. 行为主义学习理论

根据“行为主义学习理论”，教师必须注意语文阅读教学目标中的五个要素，即目标行为主体、目标行为动词、目标行为对象、目标行为条件和目标行为标准。

（1）目标行为主体应是学生。语文阅读教学目标指向全体学生。通过阅读学习后所要达到的结果，学生应该是阅读学习的主体。因此，阅读教学目标应是学生阅读学习中的变化或者结果，而不应指向教师的行为。

（2）目标行为动词应尽可能是可测量、可评价、可理解的。例如“认识、领会、把握”等比较抽象笼统的词容易导致目标表述的内容模糊不清，而“说出、指出、写出、找出、解释、复述、读准、背诵、划分、使用”等行为动词对于学习结果做出了明确、具体的规定，可操作性强，便于观察和测量。教师在具体表述阅读教学目标时应结合具体情况和问题紧扣阅读教学的特点来确定所要的行为动词。

（3）目标行为对象要明确。行为对象是指确定的学习行为所涉及的内容，主要具体说明阅读教学过程中学生确定的阅读学习事件和活动，使学习活动更具有导向性。

（4）目标行为条件。行为条件主要是指学生开展阅读学习所需要的具体情境，如“结合上下文”等。它是对影响学生阅读学习结果的一种特定的限制。主要用于说明学生在何种条件下完成指定的阅读学习行为，为后面的评价提供参照。

（5）目标行为的程度标准。目标行为标准主要是指学生完成阅读教学目标所要达到的最低表现水平，一般可以用完成行为的时间、完成行为的准确率和完成行为的成功特征等来分别进行衡量。

需要特别说明的是，语文阅读教学目标应该是学生能够达到的基本目标，它所规定的对学生阅读学习的期望水平是所有学生无须借助其他特殊帮助都能达到的，是合格标准，而不是优秀标准。因此教师在设计语文阅读教学目标的过程中要求不能太高、难度不宜太大，要确保所有学生都能够平等地获得当代社会生活所必需的语文素养和语文能力。

三、语文阅读教学设计的原则

（一）重视一般词汇教学原则

对于语文阅读而言，词汇是必不可少的组成部分，也是顺利进行阅读的基础。作为一名语文教师,应该理解词汇在阅读理解中所扮演的角色。学生理解基础词汇,有助于他们在阅读上下文时猜测出一些低频词汇的含义。根据研究显示,那些经常阅读学术性文章的学生对术语应付的能力要明显强于应付一般词汇的能力。因此,学生如何积累一般的词汇是教师需要关注的问题。在词汇积累教学中,词语网络图是比较好的方式。

在语文阅读课堂上,教师可以给出一个核心概念词,然后让学生根据该词进行扩展,从而建构其他与之相关的词汇。需要指出的是,高频词教学在词汇积累中是非常重要的,其有必要渗透在语文听、说、读、写、译教学之中,并在细节层面给予高频词过多的关注,这样才能便于学生顺利完成阅读,并根据这些高频词顺利猜测陌生词的语意义。

(二)速度与流畅度结合原则

语文阅读教学存在一个严重的困难就是,虽然学生具备了阅读的能力,但是很难进行流畅的阅读。也就是说,当教师将更多的关注点放在学生阅读的准确性上,而忽视了学生阅读的流畅性。这就要求教师在阅读教学中应该找寻一个平衡点,不仅要帮助学生提高阅读的速度,还要保证学生阅读的流畅性,这是阅读教学培养速度的最终目的。一般来说,学生阅读的过程不应该被词汇识别干扰,而是应该花费更多的时间研读内容及语言背后的文化。要想提升阅读的速度,一个好的办法就是反复进行阅读。学生通过反复的阅读,直到实现速度与理解的结合。①

(三)激活背景知识原则

文化语境知识即所谓的背景知识,是读者在对某一语篇理解的过程中所具备的态度、价值观、对行为方式的期待、达到共同目标的方式等外部世界知识。在语文阅读教学中,背景知识是重要的组成部分,尤其是对母语为汉语的人来说,阅读那些源自汉语文化背景的著作要容易一些,但是阅读那些不同文化背景下的相关著作必然会遇到困境。

① 金明同.新课标背景下语文群文阅读教学策略探析[J].高考,2021(17):67-68.

要想对以语文文化为背景的语篇有着深刻的理解，必然需要具备相关的文化语境图式，这样才能实现语篇与学生文化背景图式的吻合。读者的背景知识会对学生的阅读理解产生影响。其中，背景知识包含学生在阅读语篇过程中所应该具备的全部经历，包括教育经历、生活经历、语法知识等。如果教师通过设定目标、预测、讲解一些背景知识，读者的阅读能力就能够大幅度的提高。如果学生对所阅读的话题并不清楚，教师就需要建构语境来辅助学生的学习，从而启动整个阅读过程。

具体来说，教师在进行备课时要精心准备教材，弄清弄透语文阅读教学中存在的文化语境空白，对材料进行精心的选择，或者为学生提供某些线索，让学生通过一定的手段和方式处理语篇中涉及的文化背景知识。当然，由于课堂时间是非常有限的，学生不可能解决所有不熟悉文化背景知识的内容，这时候就需要教师充当建构新文化语境的工具。教师需要了解学生在自主学习中遇到的问题，帮助学生顺利理解所学的知识与材料。

（四）把握阅读教学关键原则

受中国应试教育的影响，阅读教学与其他教学一样，教师将更多的关注点放在教学检测结果之上，而阅读理解中的理解却被忽视。实际上，成功完成阅读的关键就在于完善与监控阅读理解。为了能够让学生学会理解，可以从学生的自我检测入手，并鼓励他们同教师探讨具体的理解策略，这是元认知与认知过程的紧密结合。

例如，教师不应该在学生阅读完一篇文章之后，提问学生关于理解的问题，而是应该为学生示范如何进行理解。全体学生一起阅读，并一起探讨，这样便于每一位学生理解文章的内容。

第三节　中学语文阅读教学的方法研究

阅读教学的方式与方法，是指在阅读教学过程中，师生为完成特定的教学任务所采取的方式与方法的总和。它是沟通教师、学生和教材的媒介，是师生之间活动的方式及所必须凭借的手段。在教学目的、教学内容确定之后，选择恰当的教学方式方法就显得十分重要。在教学过程中，要使教学的“实际值”与教学的“应有值”相一致，就必须运用恰当的方式与方法。

一、阅读教学方式

（一）朗读与默读

1. 朗读

朗读是指在视觉器官感知文字材料的基础上，由言语器官将书面语言转化为准确而连贯的有声语言，从而达到理解的阅读方式，它是一种眼、口、耳、脑协同动作的过程。朗读教学对促进学生对课文的理解具有多方面的作用，它既能集中学生的注意力，又可依靠大声朗读来组织思维以促进对文字的理解，并有助于培养他们良好的眼动习惯及口语表达的流畅性。

朗读的水平可分三个层级：一是正确朗读。即能用普通话朗读，读准字音，并做到不减字，不添字，不改字，不重复，不颠倒，句读分明，停顿恰当。二是熟练朗读。即语气流畅，语速恰当，节奏明快，能读出抑扬顿挫、轻重缓急，即对作品的基调把握准确。三是表情朗读。即对作品有较深刻的理解，能把握作者思想感情发展的脉络，能运用声调、重音、速度、停顿等变化，生动地表现文章的风格和韵味。

朗读能力的培养应力求做到以下几点。

(1)准确领会文章意蕴。朗读是以声音形式再现有文字记载的音位特征和无文字记录的节律特征，因此，要正确朗读首先就要正确理解并领会作品所表达的思想内容和作者所流露的真实感情。在此基础上，才可确定朗读的形式和基调，然后也才有可能恰当地选择和运用语音技巧，充分表达作者的思想感情。如果对作品思想内容理解错误，那么朗读一定会以失败告终。

(2)适度运用语音技巧，这些技巧主要包括：根据语体、内容和对象选择读法，确定朗读基调；寻找语音链上的主旋律，读出作品的音乐美；

运用音长特征，找到语音链上的停延标志，掌握延音长度和停顿时长，以读得层次清楚，感情自然；运用音高和音强特征，确定重音和语调，形成扬抑律周期模式；根据作家隐含在作品深层的思想感情，控制好气流的轻重缓急，做到因声求气声气合一，从而达到声情并茂的效果。

(3)切实提高诵读量度。任何能力的提高，都必须通过反复的练习，而朗读是较为复杂的多种技能综合的操作活动，要达到一定的水平，就必须使训练达到一定的量度。苏霍姆林斯基经过长期研究，认为一般学习者要学会流利地表情朗读，至少需要200小时。多种调查测试资料表明，目前我国中学生的朗读能力普遍较低。应想方设法引导学生多作朗读练习，切实有效地提高他们的朗读能力。

常用的朗读的形式有以下几种。

①范读。即教师示范性地朗读。范读的作用在于渲染气氛，创设情境，激发学生的学习兴趣。好的范读，有助于学生学习掌握朗读的技巧，对帮助学生理解和欣赏课文也具有重要的作用。

②领读。即学生跟随教师逐句朗读。逐句领读，既有示范意义，又有指导价值，对帮助学生形成朗读能力具有重要意义。

③单读。即学生单个朗读。这是读文教学的基本方式，使用频率较高，便于因材施教。也可用以检查学生的阅读质量。单读的指导，要在肯定长处的基础上指出不足，要力避单纯挑错的做法，以免挫伤学生朗读的积极性；要注意通过个体的指导，使全体学生都能得到提高。

④齐读。即学生群体齐声的朗读。它可分为小组读和全班读两种形式。这种方式用时少，参加人数多，是大范围地训练学生朗读能力的有效方式。齐读对于活跃课堂气氛，调动学生朗读的积极性，养成群体观念都有重要作用。运用这种方式，要求读出声势，读出节奏，无抢读，无拖读、无尖声怪调等现象。

⑤轮读。即按学生的座次、性别或组别组织的轮流的朗读。轮读顺序有先后之分，接连不断，依次进行。运用这种方法，可活跃和调节学生情绪，能够调动学生朗读的注意力及积极性，有利于训练语感。

⑥分角色读。即模拟作品中的人物角色的语言、情态等进行的带有表演性质的朗读。分角色读，需要在理解的基础上进行，它要求学生进入角色，读出个性。

2. 默读

默读,即不出声的阅读,是一种与朗读相对应的阅读方式。它分为默朗读(轻声默念)与无声默读两种形式。默读与朗读的区别在于默朗读的出声是无意的,情不自禁的,而朗读则是故意发声阅读;默读的发声轻且往往残缺不全和模糊不清,而朗读则一字不漏,音量较大,甚至有一定的抑扬顿挫。默读是通过内部言语理解材料,即使是无声默读,有时也能从读者的唇、喉等发音器官处记录到肌肉活动的痕迹。最初的,无声默读往往伴随较强的发音器官的肌肉活动,随后这种肌肉活动会慢慢减少,最后可彻底消失。因避免了逐字逐句的发声,故默读的速度大大快于朗读,尤其是没有发音器官肌肉活动的无声默读其速度更快。如果采用生物反馈的方法减少无声默读中的肌肉活动,可提高阅读速度,但有时也会影响对作品的理解。

默读的程序较朗读大大简化,它通过视觉接受文字符号后直接反射给大脑,可以立即进行译码、理解。默读能力的形成,一般要经历从轻声默念到无声默读的过程。默读能力处于初级阶段的学生,没有形成内部言语,须通过字音的刺激、转换才能领会意义。因而在默读时,嘴唇会不自觉地翕动,并不断发出轻微的声音。这实际上仍然是运用开放性的外部言语进行阅读活动,其过程与朗读大致相同,不能发挥默读提高速度和强化理解的特有效能。无声默读是运用内部言语进行阅读的活动,读者的意识不直接指向文字符号而直接接受文字符号所表示的意义,它无须专门辨识文字符号,只需根据上下文意义,便能迅速感知文字的细微变化。默读能力只有发展到这一阶段,才可充分发挥默读的特有效能。要形成较强的默读能力,必须注意如下几个方面的问题。

(1)努力发展内部言语。决定默读能力发展及其水平的心理因素主要是内部言语。内部言语是一种非交际性言语,指借助语言进行思维过程中的一种特殊的言语现象,其特点是:①发音器官活动的隐蔽性。可记录到发音器官的肌肉活动,但没有外显的语音。②言语结构的不定型性,即言语高度简缩,主要是谓语性的。心理学家认为内部言语的发生是由外部言语的逐渐压缩和内化而生成的。学习者能够运用紧缩式的内部言语感知、理解文字,就自然避免了动嘴出声、一字一词合成认知的活动状态,进入到整体性认知的活动水平。

(2)自觉养成专注的习惯。默读需要调动全部心智机能,才能取得好的效果。专注地默读，并形成习惯，这是有效默读最需要的心理品质。应注意引导学生明确阅读的目标及要求，学会运用默读的策略，使自己能够以意志约束自己，调动全部心智机能，全神贯注地进行默读。另外，也应注意指导学生学会通过长时间的控制自己的注意力去完成阅读任务。

(3)充分发挥思维的积极性。默读能力是以思维能力为核心的心理结构，要实现默读的功能就必须充分发挥学生思维的积极性。常用的方法是在默读前给自己提出问题，默读后要能够回答这些问题，使自己加强有意注意，使思维处于紧张状态，以让思维积极性得到充分发挥。

(4)有效提高语感能力。语感是对语言的敏锐感受，表现为瞬时性地理解言语和鉴别言语，是较高的言语理解力和鉴别力。有了这种能力，便能敏感地体察言语，较准确地把握言语的要领，领会言语的情味和言外之意。由此可见，个体的默读能力的发展，有赖于其语感能力的提高。

(二)精读与略读

1. 精读

精读是一种精心细致地、逐字逐句地研读文章，并在充分理解的基础上从中提取信息的阅读方式。它要求对阅读材料的内容、形式诸方面进行认真琢磨，也就是宋代教育家朱熹所说，“字求其训，句索其旨”，“熟读而精思”。

培养精读能力的目的是使学生养成细读精思的阅读习惯，提高他们的理解、鉴赏能力，分析、概括能力和想象、联想能力。在精读教学中，要注意引导学生对作品中关键词语、重点语段及篇章题旨的理解。此外，还应做好如下方面的工作：①要为学生提供精读的模式。如认读、理解、欣赏、评价四步模式，浏览、提问、研读、归纳、复读五步模式等。②要注意指点精读的方法。如要点标记法、勾画批注法、质疑思辨法等。③要教给学生阅读的基本技能。如圈点、批注、摘要、提要、制作卡片、写读书笔记及札记等。④在这一过程中，也要注意引导学生养成使用工具书及查阅资料的习惯。

2. 略读

略读是与精读相对的一种阅读方式。它要求能迅速"观其大略",把握作品的要领和主旨。略读的目的在于提高阅读速度,其中包含着理解和记忆方面的要求。在策略上,它要求读者能够根据特定的语言环境,较快地推断出词语的含义,把握句子的主干,弄清文章意脉发展的踪迹,快速准确地获取信息或确定需要精读的重点。

培养略读能力应以培养精读能力为基础。在教学中应注意如下方面的问题:①养成学生精神高度集中、全神贯注地看书的习惯。在阅读时,应当改变腹念(一字一字地默念)的习惯,眼睛扫视要有一定的提前量,可以回视,但大脑要高度紧张地加以理解和记忆。必要时,可通过跳读捕捉有用信息。②要切实提高学生归纳、概括的能力。③要指导学生根据不同文体的特点理解读物。④要教给学生如何利用书目优选读物、利用序目了解读物全貌,如何寻找和利用参考书解决疑问等。

二、阅读教学方法研究

(一)黎锦熙的"三段六步教式"

1921 年语言学家、语文教育家黎锦熙设计了理解、练习、发展三个阶段的教学模式:第一段——理解。这又分两步:第一步是预习,内容包括指示目的、唤起学习的动机、预备的指导和儿童预习;第二步是整理,内容包括儿童问疑、教师试问和儿童发表诸项。第二段——练习。也分为两步:第一步是比较,可以略授国语文法的要素,并概括课文要旨;第二步是应用,内容是注意读本课文的表演和实质的谈辩。第三段——发展。也分为两步:第一步是创作,内容是除作文外还要注意语言技术;第二步是活用,内容是读书能力和研究兴味的养成。最要紧的是养成儿童到图书馆自由参考的习惯,再进一步便养成儿童对于文学的鉴赏和批判的能力。

这个方案的最突出特点是:它发扬了学生的积极主动精神。它鼓励学生预习、问疑、发表、应用,特别是创作和活用也都是基于这一精神,这是很可贵的。至于每一教学阶段的设置以及它们间的顺序安排,自然都不是固定不变的,效法它不可拘泥于形式而不顾实际。

(二)朱自清的“四步教段”

1925年,作家、语文教育家朱自清提出了如下的读文教学程序:第一步,令学生报告预习的结果,用联合全班、共同作业、分组参考的方法。例如,参考作者的为一组,参考难字的为一组,参考成语的为一组,这样使学生预习,上课时分别报告他们的结果。第二步,令学生分述各段大意及全篇大意。报告参考结果时,报告者应分段朗读原文,每段做一单位;每段考查难字成语后让其他学生述说大意,宜详不宜简。再令他们述全篇大意,随时考查,随时述大意。第三步,一篇授毕,可以与学生研究篇中的情思与文笔。此种研究或讨论要使每一名学生均有发言机会,要注意那些不愿发言的人加以督促。即使不能做到每次每人都发言也须在两次讨论里每人均发言一次。这样一方面可以使学生注意于所读的文字,一方面也可以练习表现和批评的能力。第四步,一篇教完后可以进行口问或笔试,口问为问大意及难字、成语等。

这个阅读教学程序的显著特点为:一是理解文章内容和探究文章形式并重;二是阅读、说话和写作练习并重;三是实行启导式的教学。①

(三)中华国语学会的“三步教段”

《中学国语教学法》为“分析阅读”设计了三个步骤。第一步:细看教材,带着注意点看,同时用笔画出解释的地方;第二步:查看参考费解处;第三步:认清研究所得的内容,用笔写下报告,有的时候要到课堂内用口头报告、讨论、辨难。这一教学模式也在于培养学生积极主动的自学精神,同时注意到了说和写的教学。但过于偏重思考,忽视了语文能力的训练。

(四)赫尔巴特的“四个阶段”

赫尔巴特在19世纪上半叶通过对儿童心理活动规律的探究,得出了教学过程要经过四个阶段的结论。赫尔巴特的这一理论曾产生过广泛而长期的影响。四个阶段是:第一阶段为明了,即对所学内容进行分析和研究。在方法上,要由教师讲授教材,并运用直观性的原则。第二阶段为联想,即将新教内容同学生已有的知识和经验联系起来。在方法

---

① 沈红.语文课程与教学研究[M].沈阳:辽宁大学出版社,2009.

上，主要采用谈话的方式。第三阶段为系统，即指导学生获得新的结论。第四阶段为方法，即指导学生把学到的知识应用到新的事实和现象上去。在方法上，组织学生进行各种练习。这四个阶段的顺序也就是教学的顺序。这一教学程序盛行了 50 余年，风行欧美，竟成了一切课程的僵硬公式。

（五）德国莱因的“五段教学”

19 世纪末，把赫尔巴特的四个阶段教学程序改变为五阶段教学，并将其具体运用到读文教学中的是莱因。莱因的读文教学五阶段是：第一阶段为预备，复习旧课，进行与新课文有关联的事项的问答及解释新字、难词；第二阶段为提示，即向学生提示课文的教学目的和学习重点；第三阶段为比较，即把新学习的词语句同已学习过的词语句进行比较；第四阶段为概括，即归纳、概括全文的中心思想并得出结论；第五阶段为应用，即让学生练习造句和写短文。

这一教学模式的最显著特点：一是把教学更清晰地划分为连续的阶段，使教学成为更有计划、更富于秩序的活动；二是从教师的注入发展到学生的思考。但是，这一教学过程仍以教师为主体，学生仍处在较为被动的地位。同时，五个阶段缺乏伸缩变易。此外，它把一个一般的公式搬到语文教学上，缺少语文学科的特点。这个方案在我国具有深远的影响。

（六）美国莫礼生“单元教学法”

美国大学教授莫礼生把教学程序分为五步：第一步为试探，即了解已知和未知，用发问、讨论、测验、谈话等方式引起兴趣。第二步为提示，即采用作业指定单，包括对学习目的、中心问题、参考资料、学习方法等做一个宏观的了解，作为研究的准备，学生发问，提示测验。第三步为自学，即在教师指导下学生自行研究、阅读课文、收集资料、做笔记。第四步为组织，即把所得组织成系统，列成提纲，得出合理的结论。第五步为复讲，即由一名学生做口头复讲，其他学生做文字报告。

20 世纪 20 年代曾经盛行于美国的莫礼生“单元教学法”在“五四”运动之后传入我国，对我国具有深远的影响。它的主要特点：一是把学生作为学习的主体，贯彻教师指导学生自学的原则；二是重视学习的彻底性，对知识务求领悟，对技能务求熟练。

(七)苏联文学教学程序

苏联中学文学教学程序有三个阶段:第一阶段为起始,介绍作家和作品的时代背景,解释生词难句;第二阶段为阅读和分析,朗读作品,然后分析人物,分析情节的发展过程;第三阶段为概括主题思想,总结写作技巧。

它的特点:一是它是文学课文的讲读过程;二是偏重知识教育;三是在方法上偏重于分析和概括。

(八)日本的"芦田教学模式"

这种教学模式在20世纪50年代以前的日本具有广泛的影响。它包含七段步:第一步为读,即通读全文;第二步为谈话,也就是对于不懂处师生交谈;第三步为读,即精读部分课文;第四步为解释,即就精读的部分内容,边谈话边板书重要词句;第五步为读,即边读边思考精读过的部分课文;第六步为书写,即学生抄写板书;第七步为读,即深入体会全文。

这一教学过程的特点:一是有读有说有写,特别是以读贯穿始终,具有明显的阅读课的特点;二是重视对部分内容的精读和思考,做到教有中心、学有重点。

20世纪50年代后,日本又出现了两种阅读教学模式。一种是:第一步为通读,即轮廓式地阅读全文;第二步为精读,即深入思考的阅读;第三步为味读,即品味文章感情的阅读。另一种是:第一步为由学生自己阅读;第二步是教师指导学生解释课文;第三步为教师指导学生批评或鉴赏课文。这两种教学模式的着重点在于对课文的理解和品味,注意思考力和感受力的培养,都着重学生自身的阅读和思考。这两种模式是芦田教学模式的发展和变化。究其实质,日本的阅读教学注重包括精读在内的"读"以及在读的基础上产生的鉴赏和评价。

三、语文阅读教学方法的实施

(一)采用"阅读圈"教学

"阅读圈"是指一种由学生自主阅读、自主讨论与分享的阅读活动。[①] 在语文阅读教学中，"阅读圈"教学法主要包含以下几个实施步骤。

1. 设计任务

教师以某个文化专题为教学内容，明确教学目标，选定学生在课堂以及课外需要阅读的材料，设计好相应的需要学生进行讨论和分析的问题，并规划好学生完成这些任务的学习模式。

2. 布置任务

在这一环节，教师安排学生组成"阅读圈"，每个小圈子为 6～7 人。之后，教师向学生讲解阅读圈教学模式的理念、要求和规则，告知学生的学习重点和内容。此外，教师可以鼓励学生在自己的阅读圈内承担一定的角色，具体角色示例如表 3-1 所示。

表 3-1　阅读圈各成员的角色分配示例

角色	具体任务
讨论组织者	主持整个讨论过程，并准备相关问题供圈内成员讨论
词汇总结者	摘出阅读材料中的与文化专题相关的重点词汇和好词好句，引导圈内成员一起学习
总结概括者	对所有阅读材料的文化元素和内容进行总结并与组员分享，并总结、评价小组活动的内容和成果
语篇分析者	提炼阅读材料的重要的语篇信息并与圈内成员分享
联想者	将所读阅读材料与文化专题相对应的中国文化的内容建立联系，结合最新的社会文化发展动态进行批判性评价
文化研究者	从阅读材料中找到与自己相同、相近或者不同的文化元素和内容，并引导圈内成员进行比较

（资料来源：刘卉，2018）

3. 准备任务

在布置完任务之后，教师引导学生进行独立思考，并让学生对需要

① 刘卉.英语文化教学中阅读圈教学模式的构建与探索[J].教育现代化，2018(45)：237.

讨论的问题及自身的思考结果形成文字。此外，由于阅读圈内各成员承担着不同角色，教师应鼓励学生完成各自的任务，自由表达自己对文化的不同看法。

4. 完成任务

当学生通过自己的努力和教师的引导完成相应的任务时，各个小组就可以按照各自负责的内容进行汇报，对所读内容进行信息加工、思维拓展，确定小组汇报的内容，最终形成 PPT，在课堂上展示核心成果。

5. 评价任务

当学生各自汇报完自己的学习成果时，就可以进入评价阶段了。评价可以是学生自评，也可以是同学互评，还可以是学生和教师共同评价。

（二）构建阅读文化图式

图式理论充分彰显了阅读的本质，即强调阅读的本质是读者及其大脑中所理解的相关主题知识与阅读材料输入的文字信息之间相互作用与交互的过程。图式理论是一种关于阅读研究的科学理论，其不仅强调文化背景知识与文化主题知识的重要性，还并未忽视词汇、语法在阅读中的重要作用。下面通过读前、读中、读后三个阶段进行详细的分析。

读前阶段是信息导入阶段。在这一阶段，要发挥出图式在阅读之前的预测功能。教师可以组织学生参加一些讨论、预测或者头脑风暴等活动，从而将学生头脑中的图式激发出来。在这一阶段，通过自上而下的阅读，学生头脑中的先验知识与文本相结合，从而将学生的图式激活与构建，为学生进一步的阅读埋下伏笔。

读中阶段是文化渗透阶段。在这一阶段，要发挥出图式的信息处理功能。学生们根据自上而下的模式来探究文章的整体思路。一些新的文化知识可以通过自上而下的阅读模式获得，从而构建内容图式与阅读技巧。在读中阶段，略读、细读等都是比较好的策略。

读后阶段是文化拓展阶段。在这一阶段，要发挥出图式的记忆组织功能。教师可以通过各种活动对学生的新图式加以巩固，如辩论、角色扮演、讨论等。图式理论指出学生存储在大脑中的图式越丰富，学生的预测能力就越强。因此，课外阅读是非常重要的。

具体可以通过图 3-2 体现出来。

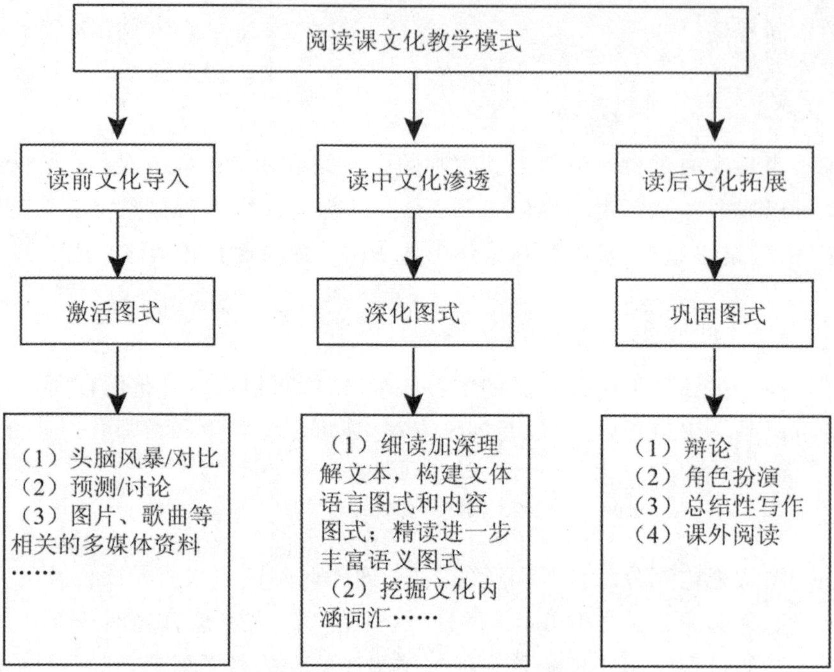

阅读课文化教学模式

读前文化导入

激活图式

（1）头脑风暴/对比
（2）预测/讨论
（3）图片、歌曲等相关的多媒体资料
……

读中文化渗透

深化图式

（1）细读加深理解文本，构建文体语言图式和内容图式；精读进一步丰富语义图式
（2）挖掘文化内涵词汇……

读后文化拓展

巩固图式

（1）辩论
（2）角色扮演
（3）总结性写作
（4）课外阅读

图 3-2　阅读文化图式模式

（资料来源：马苹惠，2016）

(1)读前文化导入——激活图式

①头脑风暴法。在语文阅读中，头脑风暴法常被用于导入环节之中。学生通过这一方法可以展开丰富的联想，从而刺激头脑中形成新的图式。因此，教师在文化导入过程中要考虑话题的需要，为学生创设合理的头脑风暴，让学生更好地融入课堂之中。

例如，在讲解与音乐相关的内容时，教师可以对音乐类型进行头脑风暴，从而让学生们想象到 Rap，folk music 等类型。在这些音乐中，也可以让学生对比中西方音乐的不同，从而吸引学生学习的兴趣和积极性。

②预测与讨论。在阅读之前运用图式理论时，教师应该发挥学生推理的能力。学生通过对文本材料进行解读与推理，从而刺激自身的图式。例如，还是以音乐为例，教师在讲授门基乐队成立的情况时，可以提

出 5W,从而帮助学生更好地预测文本信息,之后鼓励学生通过讨论预测具体的文本内容。

③运用多媒体资料。在文化导入阶段,教师应该善于运用多媒体资料,从而让学生更好地体验文化教学的特色。通过多媒体,学生可以更直观地感受语言知识,了解中西方语言文化的差异,刺激学生的图式,让学生在激活自身图式的基础上进行下一步内容图式的拓展。

(2)读中文化渗透——深化图式

在读中阶段,教师可以在这一阶段进行文化知识的渗透,进一步对学生的内容图式加以丰富,从而让学生更好地展开阅读。在阅读教学中,教师采用扫描、略读等策略帮助学生构建灵活的图式,促进学生激发头脑中与之相关的图式,从而便于学生更好地理解文章。在细读阶段,教师要帮助学生挖掘与语篇相关的文化内涵,扫除他们在正式阅读中的障碍。

首先,可以通过略读和扫描法,让学生大致了解文章的大意,从而更获得对文章的总体信息与思路,这是帮助学生建构相关内容图式的有效路径。扫描法是学生根据教师的指令,能够在文章中找到特定的信息。

其次,可以通过细读,根据上下文,让学生明确每一个单词的含义,尤其是那些具有文化内涵的词汇,从而丰富学生的内容图式。

(3)读后文化拓展——巩固图式

在读后阶段,主要是充分发挥学生头脑中的记忆功能。一般来说,读后的文化拓展的方法主要有如下几种。

第一种是辩论。教师可以针对文本材料中的相关内容,选取一些视角展开辩论,学生在辩论中对与文本相关的内容图式加以巩固。同时,通过辩论,学生也可以更好地理解文本的文化内涵与文化背景知识。

第二种是角色扮演。学生通过学习与文本相关的文化知识,从而丰富自身的文化内容。然后,学生带着角色有目的地重新阅读文本,教师引导学生对文本进行改变或者情景模拟,从而激发学生学习的兴趣和积极性,提高他们在真实语境下对文本综合运用的能力。

第三种是总结性写作。这一方式有助于学生加深对文本的理解,让学生将文化知识从短时记忆转向长时记忆。

第四种是课外阅读。除了课后巩固之外,教师还应该鼓励学生展开课外阅读。通过大量的课外阅读,学生可以提高学习的自主性,而且还能在阅读中不断丰富自身的内容图式。

(三)发挥网络互动优势

教师可以利用信息技术为学生的语文阅读创建一个平台,让学生充分参与其中,利用这一平台来扩展自己的阅读能力。利用信息技术,教师可以为学生准备阅读的丰富资料,实现阅读资源共享。在教学过程中,教师可以依据教材中的内容为学生建立一个网络阅读资料库,将教材中阅读的重点、难点都上传到网络上,同时为学生补充适当的课外知识,以拓展学生的阅读视野。此外,为了避免学生在阅读学习中出现乏味情绪,教师还可以在学生阅读的资料中添加一些图片、视频、漫画、音乐等,在材料的格式、设计上也可以体现自己的特点,让学生爱上语文阅读。

(四)科学合理地选择阅读材料

显然,学生阅读能力的提高离不开大量的练习,换言之,语文阅读是一门技巧训练的课程,需要花费大量的时间进行阅读训练。因此,这就要求教师为学生准备科学的阅读材料。在信息技术的帮助下,教师可以为学生找到一些贴近课堂教学内容的阅读材料。在开始上课之前,教师可以为学生布置一些阅读要点,让学生自己上网搜索浏览,这可以在一定程度上培养学生的查询以及获取信息的能力。随后,教师将自己所准备的阅读材料发给学生,让学生通过小组的形式阅读与交流,并分享心得。等到课堂结束的时候,教师可以安排学生对这次阅读活动进行总结,每一位学生都要写出总结报告,然后教师对学生的报告给予口头评价。

(五)课内外与线上、线下有效结合

在语文阅读教学中运用混合式教学,语文教师要将课内外教学与线上、线下教学相融合。首先,在课堂上,主要是教师引导学生对课文展开篇章阅读,使学生能够对阅读技巧与方法加以掌握。其次,在课外的阅读学习中,教师可以为学生布置一些任务,让学生在课下完成,同时要求学生多阅读一些名著与报纸,让学生对文章主旨大意有所了解,从而培养学生的阅读习惯。

(六)科学地进行评估与分类指导

教师除了利用信息技术在课堂上授课之外,还可以利用信息技术对学生的学习成果进行评估。在设计一套合理教学评估方案之前,教师可以利用网络技术搜索与阅读相关的评价理论或内容,进而结合自身所教授的阅读材料中的生词、语法、词汇量、句法等知识来设计评估内容,如此获取的评估结果将可以充分了解学生的阅读水平。同时,教师还可以对学生的评估结果进行线上统计,对学生阅读的时间、阅读的效率也有充分的了解。

总体而言,语文阅读实行混合式教学,有助于提升学生的阅读能力与水平,通过教师的精心设计,让学生对阅读技巧与方法进行合理的把握,促使他们养成良好的阅读习惯。

第四节　中学语文阅读教学存在的问题及应对策略

一、当前语文阅读教学中存在的问题

(一)阅读教学模式僵化

僵化的阅读教学模式,忽视了对学生语文能力的培养,也削弱了学生学习语文的兴趣。无论什么教材,无论什么样的教学对象,语文阅读教学的内容都必然按课题讲解、时代背景、作者介绍、正音解词、理清结构、分析句段、领会主旨、分析写作手法及语言特色的模式进行教学。这种模式由于程式分明、易于操作,即使在强调素质教育的今天,仍有不少老师在阅读教学中使用。但这种近似机械式的教学模式极大地抑制了学生的主动性,教师的“满堂灌”“满堂问”无形之中减少了学生听说读写实践活动的时间,学生变相地成了被动的知识容器;对课文程式化的处理使得范文教学支离破碎,名篇名作的美感魅力在烦琐的知识讲解中消失殆尽，本来愉悦的阅读教学活动成了学生的一种沉重的精神负担。长此以往，学生慢慢地失去了学习语文的兴趣，学生语文能力的培养也流于空谈。

（二）应试教育和课业负担偏重

在各种形式的统一考试造成的氛围里，许多地方的语文教育，以试卷和教学参考书为准绳，用单一的目标来衡量千差万别的学生。简单的评判标准，抑制了多角度的思考和个性化的体验、理解与表达。片面强调实用功能，偏重显性的目标、"立竿见影"的目标，忽视人文精神的培养和个人感受的独特性。不少地方在阅读教学中一味偏重技术分析，放弃文学作品对学生的熏陶感染作用，导致语文课程本来具有的文化功能流失。另外，现在的学生学习压力过大、课业负担偏重，自由支配的时间很少，阅读量也就很少，在这种情况下，围绕考试的教辅书籍泛滥，学生很难有机会主动地阅读。

（三）语文阅读教学中语言处理的问题

文本是语言的载体，任何阅读文本的内容、思想都是通过语言表现出来的（梁美珍等，2013）。但是只有把语言与内容、思维进行有机的结合，才能充分领略它独有的魅力。因为从某种意义上，在一个文本中，其"内容即意义是灯，语言是灯罩，而思维是影子"（葛炳芳，2013）。阅读教学中的语言处理，应该是综合视野下的语言处理，是学生在理解文本内容和提升思维能力的过程中进行的有目的的、体验式的、语境化的语言学习。①

目前，一线教师已经开始有了在阅读教学中进行语言处理的意识，已经开始认同语文阅读教学的课堂不是只有文本信息的提取，还应有思维的培养和语言的处理。但问题是：什么样的语言需要在阅读教学过程中进行处理？什么时候处理？怎么处理？很多教师对此还不是很清楚，所以在实际操作中出现了这样或那样的问题。

① 王秋红等．英语阅读教学中的语言处理：理解与赏析[M]．杭州：浙江出版社，2015.

1. 缺乏“赏析”意识

根据认知发展的规律，学生首先是感知语言，了解其应用范本，然后才是模仿应用(王笃勤，2012)。感知语言、理解其应用范本是输入，模仿与应用是输出。只有充分有效的输入才能保证最后高质量的输出。在阅读教学的语言处理过程中，学生需要在信息的提取中感知语言，在文本的评价中赏析语言，在思维的提升中运用语言。其中，教师有意识地引导学生欣赏分析文本的核心语言，体验发现语言在“表情达意示结构”中的“精、准、美”，有利于学生内化目标语言，是后续有效输出的必要准备。

但是很多语文阅读课堂难觅语言赏析的踪迹，课堂的基本模式常常是“信息提取和整合加一个‘装模作样’的语言运用和输出”。很多阅读课堂中，尽管教师没有为学生提供足够的有针对性的语言上的输入，但课堂的最后一个环节往往总有一个“高大上”的口头甚至笔头的语言输出活动。试想，没有输入，何来输出？实际上，有输入才有输出，输出是建立在对语言充分的感知和赏析的基础上的，所以没有了对语言的感知、赏析和内化，语言的输出活动只是“假输出”。这样的输出只是为了让一节阅读课看起来似乎“完整而又得体”，而并非是学生模仿应用目标语言的平台，效果可想而知。

“也许是我们走了太久，却忘记了为什么要出发。”语文是一门语言课程，语文阅读教学承载着语言目标。但语言学习只是阅读教学中的一个重要组成部分，除此之外，还有内容目标、思维目标。正如葛炳芳(2015)所说的那样：“中学语文阅读教学，应当为内容而读，为思维而教，为语言而学。”

2. 缺乏“语境”意识

虽然目前很多教师开始认同在语文阅读教学中需要进行必要的语言处理，但在实际的课堂教学中，一些教师还是很难摆脱长期习惯了的“两张皮”的做法，即一堂专门的信息处理课，一堂专门的语言处理课。更有甚者，一些教师奉行“三张皮”的做法。这样的教师往往把单元第一课时设计成单元词汇学习课。课上教师根据教材词汇表(包括阅读文本中的部分词汇)进行单纯的词汇教学。在语境完全缺失的情况下，教师带领学生熟悉单词的读音、用法，并提供一些词组和例句。他们的第二课时就是信息处理的阅读课，之后就是专门处理阅读文本中语言点的第三课时。这样的语言学习，课堂容量大，学生课后的记忆负担重，但效果却不尽如人意，因为这样的教学安排人为地使语言学习脱离了语境，语言处理的过程只有教师枯燥的讲解，没有环环相扣的文本理解作支撑，没有令人愉悦的语言赏析，没有“小试牛刀”的输出和运用语言所带来的那份成就感。

3. 缺乏“目标”意识

在现实的课堂中，教师对阅读教学中目标语言往往缺少全面正确的理解，导致了阅读教学中语言处理的片面化、狭隘化。一些教师经常把阅读教学中语言处理等同于“语言点”的处理，把词汇等同于单词，而忽略词块（词组和习惯用语）的教学。其实，除了词汇，文本的语体、篇章结构、语篇的衔接与连贯手段以及修辞方式等都是阅读教学中语言处理的重要内容。课堂教学中的目标就像为夜航中的船只指明方向的灯塔，决定课堂的最终走向。课堂教学需要有教学目标的指引，同样阅读教学中的语言处理，也需要有具体的语言目标。只有这样，阅读教学中的语言处理才能做到“精”“准”，才能取得良好的效果。

然而，一些教师在制定课堂的教学目标时，往往忽略对语言目标的定位。语文教材由于题材广泛，体裁多样，阅读文本语言丰富，且各具特色。但是阅读教学的课堂时间是有限的。假如课前没有全面的文本解读，没有充分的语篇优势分析，没有精确的目标语言定位，那么在阅读教学中难免就会“脚踩西瓜皮，滑到哪儿算哪儿”，或者是“眉毛胡子一把抓”，什么都抓不好。这样既会出现把阅读课上成语言处理课的危险，也会出现语言处理重点不突出、学生找不到方向的现象。

二、中学语文阅读教学问题的应对策略

（一）构建平等对话的师生观

1. 平等对话的新型师生关系

传统的师生关系是“尊师爱生”。在教学中，教师是主动者、支配者，

学生是被动者、服从者。基于对话理论的语文阅读教学要求教学各方在对话过程中都享有平等的地位。正如学者所言:“民主、平等是对话教学中的第一法则。没有民主与平等,师生之间是无法对话的。”为此,教师要走下神坛,成为可敬可爱、可圈可点、可以交流的人。教师应该充分尊重理解每一位学生,关心爱护每一位学生,公平对待每一位学生。在教学中,师生之间的见解、思想、智慧不断相遇、碰撞、交融,营造一种生动活泼的教学气氛,展现教学过程的魅力,激发学生的学习兴趣,增强学生的情感体验,使学生形成探求创新的心理愿望和性格特征。这种新型的师生关系就是平等对话关系。

2. 教师的转变

首先,教师要转变权威角色,树立对话意识。教学中,尽管存在各种差异,但教师与学生应具有民主意识,平等沟通。教师应丢弃教参之类的神圣权威,深入到学生中,主动地、真诚地与学生交流阅读体验,创设平等的心灵沟通的对话空间。

其次,教师是学生阅读活动的组织者和引导者。随着时代的发展,教师作为知识传授者的传统地位动摇了,作为学生唯一知识源的地位已成为历史,教师教学的重心应放在如何组织和引导学生的阅读活动上。因此,教师只能为学生创设一个与知识相遇的情境,和学生一起探索,相互言说、倾听,相互切磋、分享,做好“平等中的首席”。

再次,教师要不断改善知识结构,提高自身修养。为了更好地把握阅读文本的意蕴,引导学生进行理解、鉴赏与对话,在阅读教学中教师需要做到,努力学习,不断充电,使自己拥有满满一桶水。

3. 对学生的定位

定位一,学生是发展的人。学生拥有自己独立的人格、尊严与需求,是具有思想情感的个体;学生是一个能动体,每一位学生都有着巨大的发展潜能。作为教师,重要的是认识学生身心发展的规律,发展他们的潜能,促使处于发展过程中的学生在教师的指导下成长起来,在教育的过程中发展起来。

定位二,学生是完整的、独特的人。学生不是单纯的、抽象的学习者,而是有着丰富个性的完整的人。他们不仅具有全部的智慧力量和人格力量,而且体验着全部的教育生活。每个学生因社会环境、家庭条件、生活经历的不同而形成了独特的个性，身为教师就需要尊重学生的差异，珍视学生的独特性，从而培养出具有独特个性的人。

定位三，学生是具有独立意义的人。每个学生都是独立于教师的头脑之外而客观存在的，不能由教师任意捏塑。教学时，教师应当适应学生的情况、条件、要求和思想认识的发展规律，让学生自己读书、分析、思考。

（二）确立交往互动的教学观

现代教学论认为，“教学过程是学生在老师的指导下，对人类已有知识经验的认识活动和改造主观世界、形成和谐发展个性的交往实践活动的统一过程。”也就是说，教学对教师和学生都具有发展价值，是教师的教与学生的学的统一，这种统一的实质是交往、互动。

1. 阅读教学是学生、教师、教科书编者、文本之间对话的过程

新课标指出，“阅读教学是学生、教师、教科书编者、文本之间的多重对话”，在阅读教学中，教师是教的主体，学生是学的主体，教科书编者和文本是参与的主体，三主体之间是平行、交互的“我—你”关系，阅读教学就是教师、学生、教科书编者、文本之间的互为主体的对话活动。所以，阅读教学就需要借助对话理论，在这种多重复杂的网状对话关系中进行。

2. 教学由“重结果轻过程”转变为“既重结果更重过程”

结果与过程的关系是教学过程中一对十分重要的关系，它们之间是相互作用、相互储存、相互转化的关系。我们不仅希望学生掌握知识，更期望学生掌握分析知识、选择知识、更新知识的能力。在对话式阅读教学中，对话的过程比对话的结果更重要，对话者之间不同的声音构成了真正的对话关系。师生之间对话性的交流与沟通实现了知识的重新建构，最终促成新的意义的生成。在这样一种既重结果更重过程的对话互动中，各种不同视界相互碰撞，引发学生深入思考，完成知识意义的建构，使学习过程由知识的接受转为发现问题、分析问题、解决问题的对话

过程。①

3. 淡化接受和训练，重视学生的感悟和实践

关注人是新课程的核心理念，它意味着关注每一个学生，关注学生的情绪生活和情感体验，关注学生的道德生活和人格养成。在这一理念下的语文教学重视人的体味和领悟，着力于唤醒学生的心灵；在这一理念下的对话式阅读教学重视学生的感悟和实践，关注学生个体的发展。

（三）把握语文阅读教学中语言处理的艺术

学生学习内化语言的过程就像人们消化吸收食物的过程。囫囵吞枣式的进食，虽然也能给人维持生命的养料，但会造成消化不良，甚或厌食。阅读教学也存在着这样的问题，填鸭式流于表面的教学，让学生缺失学习的体验与享受。阅读的过程应该让学生充分理解文本的内容，品味语言的“色香味”，让阅读成为一种享受，学生才能更好地吸收文本中的“营养”。

阅读是思维的过程。Anderson 等(2001)对 Bloom 的认知分类进行调整，确立了认知加工的六个维度，即“记忆、理解、应用、分析、评价和创造”，在此过程中的思维层次和要求由低级走向高级。

1. 在提取信息中感知语言

语言作为工具，承载着思想，传递着信息。语言从用途上来理解，是用来交际的工具。教授一种语言，学习者必须以某种有意义的方式来经历语言(张德禄等，2005)。所谓“有意义”，即指语境，指语言所指向的信息。语言的学习应遵循在语境中、在信息的获取中感知语言。脱离语境、孤立地学习词汇句式等，仅仅是一种单调的记忆练习。很难使学生真正理解和掌握。俗语有云：“字不离词，词不离句，句不离篇。”作为教师应借助文本提供的语境或自行设计的与话题相关的语境，教师应帮助学生提取大脑中已有的背景知识，提取文本中的信息。在阅读教学中，这是学生理解文本内容的过程，也是学生体验感知目标语言的过程。

① 巨瑞娟．中学语文阅读教学探微[M]．银川：宁夏人民教育出版社，2016.

(1)在提取背景知识中感知语言

在阅读课前的热身导入阶段,教师可根据本单元的主题和课文内容,用语文释义讲解、推进话题讨论等,让学生在真实的语境中感知目标词汇的含义。

(2)在挖掘文本信息中感知语言

在文本阅读环节,教师可以引导学生借助对上下文信息的挖掘,推敲前后句子的逻辑关系,加深对部分目标词汇的意义及用法的理解。

2. 在评价文本中赏析语言

在感知语言的基础上,把赏析引入高中语文阅读教学,可以纠正学生原有的语文课文"枯燥无味"的错误认识,有助于学生体验语言的美感和精到,培养阅读兴趣,促进学生语言知识的习得和语言技能的发展,提升学生的语言素养和人文素养。

赏析,顾名思义,即欣赏分析,这是一种相对高级的思维活动,需要结合已有认知,对事物做出判断评价,去感受美的事物。鲁子问教授认为,作为课文的文章首先是一个独立语篇,具有自身的语义功能、语用目的和语境。因此,每一篇课文都有自己独特的语篇优势,即自身较为突出的地方,如语言优势、结构优势等(林秀华,2012)。教师应抓住这些精彩之处,带领学生去领略语篇文字的美好。

同样,在语文阅读教学中赏析语言,应建立在文本浅层信息的理解上,蕴含在对文本的评价中:提炼文本的内容观点、评价语篇的结构逻辑、分析文本的语言特色、挖掘语言的文化内涵等。刘洵、付山亮(2010)提出语文教学不仅要指导学生清楚作者表达了什么内容,而且更应该指导学生明白作者是通过哪些语言手段增强表达效果的(胡莹芳,2014),以及为什么这样表达。

现今的阅读教学大多只停留在内容层面的表层信息的获取,而不关注语言形式和对文本内在的深层含义的挖掘。教师要从只问"是什么"转向多问"怎么样"和"为什么"。评价文本,挖掘内在的深意,正是从理解走向赏析,从"知其然"跨越到"知其所以然",体会作者的意图,走入文本的深层。教师要侧重通过问题的设置,引导学生关注作者在语言使用上的技巧,学习遣词造句、布局谋篇、表情达意的方式方法,赏析用词之精妙,句式之丰富,衔接之巧妙,谋篇之用心,修辞之雅韵,立意之高深。赏析语言可以通过比较、分析、归纳语言形式,以朗读、推理、联想等方式推进。评价文本，走入深处，这是赏析的精髓所在。

3. 在提升思维中运用语言

葛炳芳(2013)提出："阅读起点不仅仅是语言感知，同样重要的是话题知识；阅读过程不仅仅是信息处理，同样重要的是体验感受；阅读终点不仅仅是语言运用，同样重要的是思维能力。"因此读后的环节，教师不仅要关注语言的操练，还要兼顾思维的发展，设计相应的输出活动，提升"语言创新思维，包括逻辑性思维、创造性思维、批判性思维"(黄远振等，2014)。语文阅读教学实践中，多数教师把词句复述课文等当成是运用语言的常规手段，然而，研究发现，这些练习对于学习促进的功效是比较低的(王初明，2013)，更谈不上思维能力的提升。

从生活实际中来，让学生能有情感可发，有内容可选，有语言可仿，真正激发学生运用语言的欲望，达到刘勰所说的"情以物迁，辞以情发"。同时内容与角度的自主选取也极大地锻炼了学生的思维，因为文章构思的过程包含着一个复杂的思维过程：确定什么样的主题，选择什么样的内容，模仿什么样的语言，按照什么样的顺序来组织语篇等。语文哲学家怀特海曾说："通往智慧的唯一道路是在知识面前享有自由。"(程红兵，2015)因为这份自主，学生能在思维的提升中更好地内化输出语言。

第五节　中学语文课外名著阅读指导

经典文学作品教学既有跟常用文体一致的地方，也有其自身独特的要求，在教学中对此应有清醒的认识。

一、加强诵读体验，注重整体感知

"课标"指出："各个学段的阅读教学都要重视朗读和默读。有些诗文应要求学生诵读，以利于积累、体验、培养语感"。因此，无论鉴赏诗歌、散文，还是鉴赏小说、戏剧，都离不开"诵读"这一重要的阅读教学手段。

诵读不仅可以增强学生的阅读感受力、理解力、欣赏力，而且可以激活思维，引发联想，培养语感，陶冶情感。因此，尽管各类文学作品各有不同的艺术特性，但基本的鉴赏方法是相同的，这就是都重视“诵读”。诵读的一个重要作用还在于帮助学生实现对文本的整体感知。通过诵读，教师可引导学生用以下问题对作品所写的内容进行概括，如：

“这篇散文写了哪些人、事、物、景？你能为每幅画面取一个小标题吗？”

“这篇小说写了一个什么故事？你能用一句话进行概括吗？”

“这首诗（散文）抒发了作者什么感情？”

“这场戏的主要矛盾冲突是什么？”

二、注意从不同的角度和层面来探究文本

（一）多角度透视文本

作品中的意蕴乃是作家思想、意识、情感的综合体现，很多情况下具有含蓄性与复杂性的特征。正如黑格尔所说：“意蕴总是比直接显现的想象更为深远的一种东西/文学作品的意蕴有社会的、政治的、道德的意义，有现实的、历史的意义，也有心理的、情感的意义。”作品的整体大于局部之和，作品的意蕴超过了各部分内容的简单相加，这正是文学作品的艺术魅力之所在，也是我们必须从多角度对文学作品进行鉴赏的原因。

举例来说，转化读者的视角，是形成多角度鉴赏的常用手段。比如在鉴赏小说时，可以让作品中的人物从各自的立场去看同一件事物。有的教师在执教《黔之驴》时，就引导学生从不同角度分析故事的意蕴，或者从驴子自身的角度，或者从老虎的角度，或者从旁观者的角度进行分析。这样经过多角度透视，便于学生更完整、更立体地把握文本。

在教学中，还可以通过设置假定性问题，实现对文本的多角度鉴赏。如阅读《警察与赞美诗》时，可以引导学生思考：苏比最后不到教堂，是否就不会被抓？在《背影》中，“我”当年的感受与写作这篇文章时的感受有什么不同？

(二)多层面解读文本

就教学内容而言,文学作品的阅读教学,可以包括语言学、文章学、文艺学、文化学等多个层面。就阅读能力而言,阅读过程的每一步都表明阅读的一种水平和一种思维能力。一般认为,阅读活动包括直觉性阅读、理解性阅读、评价性阅读、创造性阅读等四个层面。在教学中,通过不同层面鉴赏文本,有利于学生思维水平的提高。[①]

以诗歌教学为例。诗歌作品客观上存在着音韵层、语义层、形象层、意蕴层等多个层面,有的教师在执教《使至塞上》一诗时,就采用四个层次逐层推进,逐步深化的教学模式:先指导学生朗读,感受作品的音韵之美;接着指导学生译读,明确诗句的具体含意;再要求学生画读,展示诗歌所描绘的形象;最后引导学生品读,共同探究诗歌中所包含的情感意蕴。

(三)深入探究文本

为"逐步培养学生探究性阅读和创造性阅读的能力",在教学中,不能满足于对作品"写了什么"这样的表面化的理解,还应进一步探讨"怎样写的"以及"为什么这样写"等问题。此外,对作品关键语句的理解和把握,也有利于深入解读文本。

例如,执教《芦花荡》一课,就可以引导学生思考:怎样理解"老头子过于自信和自尊"这一句话?通过讨论,是否可以得出这样的结论:一方面,老头子自信心和自尊心都非常强;另一方面,确实有过头的意思,大女孩子所以受伤,跟他过于自信、不够谨慎是有关系的。小女孩子洗脸,大女孩子还警惕一些,老头子却说"不怕,洗一洗吧",要知道洗脸是有响声的。老头子以为小火轮上的探照灯照不见他们,事实上探照灯把两个女孩子的脸照得雪白。这些都是他过于自信以致有点麻痹的表现。"过于自信和自尊",是老头子性格的核心,他的功与过都由此生发。对关键句子的深入探究,不仅有利于把握人物性格,还有助于对作品主题的深入探寻。

---

① 许翠萍.关于初中语文诗歌意象教学的策略探究[J].启迪与智慧(中),2021(05):90.

三、采用多媒体教学手段，帮助学生感受和理解作品

恰当地运用多媒体进行文学作品的教学，不仅可以使教学内容条理化、系统化、直观化，节省时间，提高效率，还可以营造学习氛围，增强文学作品的感染力。运用“以景显情，以声传情”的教学手段，激发学生的学习兴趣，引导他们体味作品的内蕴，培养想象力和鉴赏力。

多媒体在文学类作品阅读中的作用是毋庸置疑的，但在实际教学中怎么用，用多少，用在何处才恰到好处，这还是值得我们进一步探讨的问题。

此外，在文学作品的教学中，可以组织学生通过观看根据小说改编的影视作品，加深对作品的感悟和理解；也可以鼓励学生组织文学社团，创办文学刊物，积极向校内外报刊投稿；还可以指导学生通过观摩戏剧演出，尝试戏剧表演，加深对戏剧作品的体验等等。

第四章　中学语文作文教学研究

写作能力对于每个人而言都意义重大。然而，写作能力的培养却是十分不易的。中学语文教学中，学生写作能力培养的主要途径就是作文教学。在作文教学中，教师应该引导学生利用语言文字来表达自己的思想观念，是学生基本书面表达能力的体现。本章主要研究中学语文作文教学的相关内容。

第一节　作文教学的内涵

一、作文的性质

（一）作文是一种言语活动

作文作为一种言语活动，既然具有如上的特点，那么研究学生的作文，研究作文教学，就应有较高的立足点——从全面提高学生的语文素养着眼。同时又要懂得分解——把构成综合性的各个要素一一摘出来作具体分析，从全局着眼来认识每一个局部的问题；从解决局部问题着手，全面提高学生的语文素养。这样才能正确认识和解决作文教学中的问题。

（二）作文是一种复杂的情感活动和心智活动过程

对每一个个体来说，作文的过程都是一个复杂的情感活动和心智活动的过程。这个过程具有什么特征呢？下面引用两段话加以说明。

写作的根源是发表的欲望；正同说话一样，胸中有所积蓄，不吐不快。同时写作是一种技术：有所积蓄，是一回事；怎样用文字表达所积蓄的，使它恰到好处，让自己有如量倾吐的快感，人家有情感心通的妙趣，又是一回事……这样说来，从有所积蓄而打算发表，从打算发表而研求技术，都不妨待学生自己去理会好了。①

作文是学生把记忆中所存储的有关知识、经验和思想用书面形式表达出来，是从内部言语向外部言语的过渡，即从经过压缩的、简要的、自己能明白的言语，向开展的、具有规范语法结构的、能为他人所理解的外部言语形式的转化。

把这两段话的意思综合一下，可以得出以下三点认识。

1. 写作是表达，而表达是人的一种内心要求，一种心理需要

所谓“骨鲠在喉，不吐不快”，就恰当地反映了这种要求。有的人有写日记的习惯，有的人有写信的习惯；一旦不写，心里就不得宁静。作家写书，政治家写文章，“上书”，自有其影响人的明确目的。但写作时，首先也是产生一种强烈的内心要求，否则是写不出、也写不好的。

2. 写作还是一种积极的情感活动的过程

情有所感，才会有撰作，而且情感活动还会贯穿作文过程的始终。唯其如此，作者才会有“如量倾吐的快感”，读者才会有“情感心通的妙趣”。前面所谈的“内心要求”和“需要”，在背后起作用的，说到底还是情感。情感始终是写作的动力。写作过程中的情感活动，应引起我们的高度重视。

3. 写作是一种技能，这种技能主要是通过内部言语来操作的

其步骤大体是：首先要从记忆所存储的材料中，调出有关的知识、经验和思想，这既是一个活跃的想象和联想的过程，又是一个从表达目的出发，进行严格选择的过程。其次，对所选择的思想材料进行编码，即运用较完善的内部言语对所表达的内容进行分析，并进行综合性的合乎逻辑的安排。再次，是将内部言语转化为外部言语，即选择恰当的词句来

① 苏立康．中学语文教学研究[M]．北京：中央广播电视大学出版社，2003.

表达这些内容。写作过程是一个积极的复杂的心智活动的过程。

上述三点就决定了写作的个人性特点。写作是个体的言语行为，所表达的是某一个体对事物的独有的认识；这种认识又抹上了这一个体的特有的感情色彩。这样的内容必然要求相应的语言形式——个性化的语言。所以说，“写作的‘个人性’（或自我性），与生俱来，其鲜明突出的特点，毋庸置疑”。

（三）作文是语文课程的重要组成部分

作文是语文课程的重要组成部分，是基础教育阶段学生必修的以培养书面表达能力为主要目标的一门课程。《全日制义务教育语文课程标准（实验稿）》的“总目标”中明确规定：“学生要做到能具体明确、文从字顺地表述自己的意思。能根据日常生活需要，运用常见的表达方式写作。”在基础教育阶段的四个学段，新课程标准关于作文的阶段目标一共提出了28条，将上述总目标具体化。其中既有侧重从书面表达技术和表达技能等方面确定的目标，也有从表达的兴趣、态度、思维、情感等方面确定的目标。关于作文的性质和作文教学的一些基本观念贯穿始终，归纳起来有以下两点。

1. 有兴趣，有乐趣，有自信心

学生对作文要“有兴趣”，要“乐于书面表达”，要“增强习作的自信心”。有兴趣，有自信，这是作文的前提；没有兴趣，没有自信，学生作文就是完全不可能的事。

2. 留心观察，善于发现，珍视感受，有创意地表达

学生要“养成留心观察周围事物的习惯”，要“发现生活的丰富多彩”，“珍视个人的独特感受”，“力求有创意地表达”。学生的写作素材从哪里来？一方面来自阅读，另一方面则来自生活；而且年级越低，来自生活的素材就越多。学生绝不能“两耳不闻窗外事”，而必须让自己置身于生活当中，养成关心周围事物，“留心”“观察”的习惯。不但要“观察”，而且要善于“发现”。每个人的“发现”都不会完全相同，因而每个人才会有自己“独特的感受”。这种发现和感受，是通过自己的感官而获得的，是抹上了自己个性色彩的，因而特别值得“珍视”。观察和感受是个性化

的，那么表达这些内容就不应是众口一词，而应当带着自己的个性，应“力求有创意”。在提倡这种写作理念的同时，也包含了对写作主体——学生的健康心理、个性发展的尊重和期待。

二、作文与作文教学的意义

作文教学的根本目的是使学生会作文，掌握这种系统地表达知识和经验、思想和感情的书面言语形式，可以更广泛更有效地进行交际和交流。作文教学具有多方面的意义。

（一）作文能力是社会的需要

作文能力是一种社会需要。纵观人类的文明史，一切知识、一切先进思想的传播和继承，科学的发明和技术的进步，总之，人类文明社会的存在和发展，都离不开交流，离不开书面表达。现代社会已进入信息时代，由于传播技术的高度现代化，信息的发出可以直接用口来讲，但由于口头表达与书面表达在心理机制上的诸多一致性，绝不会因此而对作文能力降低要求，况且从应用的广泛性和存留的持久性来看，书面表达是口头表达所不可替代的，仍有极其重要的地位。①

（二）作文能力是人作为社会存在所必需的能力

从哲学的范畴来说，人本身是一种社会存在。而人作为人的存在形式，“还是一种语言的或话语的存在”。世界上的一切事物，无论是自然、社会，还是意识、文化，其存在都有言语参与其中，因此人对世界的认识必然要凭借言语。人还要凭借言语来认识自己；并且在交流中理解别人，也让别人理解自己。从这个意义上说，语言就不单是交际的工具，而且是我们精神上的家园，是我们的栖息之地。

人作为独特性的存在，“总是孤独地以自己的方式活在这个世界上”。对于个人而言，孤独，从出生一直伴随到老。为了走出这种孤独，为了克服由孤独而带来的“无助感、寂寞感和恐惧感，人必须向人开放，必须……与他人交往，从而获得亲密感，归属感和安全感”。而交往的重

① 柏章发．心理学与中学语文教学[M]．成都：四川大学出版社，2017.

要方式之一是言语活动,包括口语和书面语。所以,“作文不是生活的点缀,而是生活的必需,与说话完全一样,作文就是说话,是用笔来说话。”

因此学会写作,是完善自己、使自己更好地存在于社会所必需的。

第二节　中学生作文能力的心理分析

作文既然要经历一个心理过程,而且是极富创造性的心理过程,那么,唯有对作文心理作详细的分析,作文教学才能有的放矢,才能建立在扎扎实实的基础上。

一、中学生作文心理过程的分析

中学生作文心理过程可以划分为三个阶段:审题阶段、立意和选材阶段、构思和写作阶段。

(一)审题阶段

既然命题作文有很大弊端,为什么还要采用呢?我们说:首先,命题是一种手段,运用得好与不好,关键是看命题人要运用它达到什么目的。是用它来限制学生,还是用它来启发学生?作文时,仍有许多学生不知写什么好;这时教师给一组题目,学生从中受到启发,激活联想,思维和想象即刻活跃起来。这样的命题方式,其出发点、其效果,都是好的。其次,教师要按照作文计划来实施教学。有些内容,教师要有计划地引导学生学习,而这些常常要通过恰当的命题来实现。这就是命题这种形式常常要用到的主要原因。既然如此,作文心理过程的审题阶段,就是不能忽视的。学生在审题阶段,首先要对题目(话题)认真审读,明确题目(话题)的要求——只能写什么,可以写什么。这里主要是运用两种思维形式,一是分析,二是联想。①

① 朱绍禹.中学语文课程与教学论[M].长春:东北师范大学出版社,2006.

1. 对题目(话题)作分析,明确要求

学生审题,首先要对题目作认真的分析,区分出题目对写作的限制是什么(即只能写什么);这样做的目的,在揭示题目的本质。例如《诚信》这个作文题,审题时,先得弄清题目的意思。“诚信”,即“诚实守信”的意思。还可以作更进一步的分析。“诚实”,即“言行跟内心思想一致;不虚假”;“守信”,即“讲信用,不失信”。两个意思合在一起,就是“怎么想,就怎么说,怎么做;讲信用,不失信”。审题时,这样一步一步深入地分析,目的就在揭示题目的本质,明确题目对写作的限制。如果题目是一组,首先要从中选择自己最感兴趣、最有内容可写的题目。然后再按上述过程,完成审题。如果题目是一段文字,审题时就得认真审读,一面读一面把关键词句辨识出来,然后加以综合,明确作文的要求。

2. 根据题目展开联想,丰富写作材料

在明确题目要求之后,学生还会在被限定的范围内,以题目为中心,由此及彼,展开丰富的联想,以明确“可以写什么”。这时,学生的思维十分活跃,初始阶段表现出明显的不定向的特点——学生头脑中会很快地闪现出各种纷繁的与题目相关的内容,其中许多是模糊的不成形的;逐渐地,有些内容也会在头脑中反复出现,有些则被淘汰,学生的思维由完全发散的状态向聚合发展,逐渐完成从不定向思维到定向思维的过渡。就拿《诚信》这个题目来说,当明确了题目要求之后,又会立即引起许多联想:想到诚信是做人的基本准则,朋友之交要讲诚信;商家要讲诚信,否则将一败涂地;一个党,一个政权,要讲诚信,失信于民,后果不堪设想……在特定的情况下,“不诚不信也不为过”,“兵不厌诈”的道理在特定情况下不但成立,而且是智慧的表现……浮想联翩之后,逐渐地,有些印象特别深的内容,会在头脑中不断重现,而有些内容则筛选下去了。在审题阶段,分析和联想这两种思维形式都十分重要。前者侧重于明确概念(题目)的内涵和外延;后者侧重于再现与命题相关的材料。通过审题,可以全面了解命题的意图,明确写作范围,把握选材重点,大致确定体裁。然后顺利进入立意和选材的阶段。

(二)立意和选材阶段

1. 观察、联想、概括与立意

立意,即确定文章的中心,或者说,是作者把通过材料所要表达的旨意明确下来。立意的高低,决定文章的成败。例如写《到中山公园观菊展》的文章,多数学生的立意在"美丽的花朵靠的是园丁的辛勤劳动",只有一位同学的立意在借菊花赞美刚正不阿的精神。

她写道:"抬眼望望窗外,只见衰草和枯叶在寒风中瑟索着,更感到菊花的清丽,而且还有着十分的刚强。这使我不禁想起我的爷爷——一位正直倔强的老人,在'四人帮'气焰嚣张、广大人民在一片肃杀的环境中生活的日子里,爷爷却在那并不宽敞的卧室里,养了几盆菊花。他是否在借这花来表达自己的某种情思呢?"深刻、新鲜而独特的立意,就使一篇普通的文章顿时生辉了。好的立意,并不是作者头脑中固有的,而是作者对客观事物反复认识、不断深化,对其反映的本质问题进行抽象概括的结果。这样看来,所谓"意",具有一定的客观性,但又不是纯客观的;它是人们对客观事物反映的产物。因此认识立意的过程,就离不开对人的各种认识能力的研究。

2. 分析、比较、鉴别与选材

立意与选材有密切关系。立意完成,说明中心(主题)已经确定;这时就要以中心为尺度,对审题、立意时所呈现的种种材料进行鉴定:或舍弃,或选用,从而完成选材的任务。选材是"分析、比较、鉴别——决定取舍的思维过程。"让我们先分析一个例子。

要节约用水

暑假的一天傍晚,我和王明、刘江在楼前边聊边玩儿。忽然我看见住在一楼的李大哥从窗台上拽出一根又长又粗的黑胶皮管子,然后走进屋去。四五秒钟后,清澈的自来水"哗哗哗"地从管子口流出来。李大哥出来后,举着胶皮管子,哼着小曲,往前走了几步,浇起了自己养的五颜六色的鲜花,同时还不停地从前到后、从上到下地冲洗着放在一旁的他的小汽车。十分钟后,地上的水汇成了一条小溪向远处流去。

我看不过去，就三步并作两步走到他身边，说："大哥，您这样做，多浪费水呀，是犯法的！"他白了我一眼，"犯法？哪家子的法？我交了水费，用多少水是我自己的事。"说着，又往自家的窗台、护栏上喷起水来。

王明、刘江见李大哥根本不听我的劝告，就招呼我过来，刘江低声说："咱们班不是开过'节水从我做起'的主题队会吗？走！跟他讲讲道理，不信他听不进去！"我们一起走过去，你一言，我一语地说起来。

李大哥听了我们的话，不好意思地说："言之有理，以后我再也不浪费水啦！"说完跑进屋，赶紧关闭了水龙头。

所给的资料：

资料1：世界各国按水资源量大小排队，前几名依次是：巴西、俄罗斯、加拿大、中国、美国、印度尼西亚、孟加拉、印度。若按人口平均，中国人均水资源量相当于世界人均量的1/40。

资料2：世界各地的居民，由于生活水平和生产方式的不同，每人每天平均用水量差别是很大的，美国是600升，以色列是260升，中国是208升，巴勒斯坦是70升，非洲的一些国家仅30升。

资料3：用高压喷枪远远地对着汽车猛烈地喷水，洗去表面的灰尘和污垢，这是落后的洗车方法。其中有三大弊病：使用的是清洁的自来水；大量消耗宝贵的水资源，洗一辆车消耗的水，相当于一个人一天的生活用水量，水没有得到重复利用；洗车后的污水直接排放掉，污染江河水源环境。

资料4：不明白"节水"二字真正含义的人，总是错误地认为，节水是限制人用水，甚至是不让用水。其实，节水是让人合理地用水，高效率地用水，不要浪费。

资料5：平时刷牙、漱口，要用水杯；洗脸，要用脸盆。不要拧开龙头，边冲边洗漱。饭后洗碗，也要用盆接水来洗。家里所用抽水马桶，也要选择节水型的。

资料6：大家知道有上水道、下水道，却不大知道"中水道"，这种水道输送的既不是上水道清洁的自来水，也不是下水道污秽的脏水。而是把一个地区居民洗脸、洗澡、洗衣服等洗涤水和冲洗用水集中起来，经过去污、除油、过滤、消毒、灭菌处理，输入中水道管网，以供冲厕所、洗汽车、浇草坪、洒马路等非饮用水之用。所以中水道又称杂用水道。

资料7：1988年1月21日人大常委会通过的《中华人民共和国水法》，是在国家领域内开发、利用、保护、管理水资源，防治水患等必须遵守的法律。水法规定：水资源属于国家所有，即全民所有。人人都应当具有公水意识。

这是一则选材的练习，文章的立意是确定的，即树立珍惜水资源的观念。语言环境也是确定的，即三个少先队员要去说服一位对水资源几乎一无所知的“李大哥”；而且最终是李大哥心悦诚服地接受了孩子们的意见。那么选材时，一要逐一分析每一项资料的内容是什么，看一看哪些资料与文章的立意、特定的语境不相关，作初步的筛选。譬如这里的资料5、资料6两项，一是与言说的主旨不相干，二是脱离当前的实际，可以不选。二是对入选的资料作比较、鉴别，看一看哪些资料是最重要的应先写、细写；哪些是相对次要的，可以后写、略写。当然，对这一类的练习，还有件事要做，就是从特定语境出发，对所提供的材料加以调整，使之成为文章的有机组成部分。这样，选材的任务可以初步完成。从这一过程可以看出：分析、比较、鉴别是选材过程中最基本的思维活动。

选材是“肯定—否定—肯定的辩证认识过程”。学生选材，常常不是一次完成的。例如写《童年趣事》一文，一位学生写了这样两件事：一是小时候去捅马蜂窝，结果被蛰。二是在幼儿园里装坏人，欺负女孩子，把女孩吓哭了。第二件事还没写完，他就发现不对头了。他说：“老师要求不仅写出‘童趣’，还要有积极意义，让别人看了，也能受到启发。第一件事写‘初生牛犊不怕虎’，写从生活中增长知识。第二件事只写自己调皮，确实写出了童趣，可是没什么积极意义，所以写不下去了。”于是他否定了这一材料，又另外选材，完成了这篇文章。这个例子告诉我们，学生对事物的认识不是一次完成的。反映在作文过程的选材这一环节，也常常会经历“肯定—否定—肯定”的反复。具体地说，学生先是在初步的理性认识的指导下选择了材料（即围绕中心选材），接下去就要将入选的材料加以展开，加以具体化地写下去——在记叙性文章中，这是一个感性思维为主，又交叉着理性思维的过程。在写作过程中，由于理性思维作用，又会对所选材料产生新的认识，发现原来未曾认识的本质，于是就有可能否定这一材料，另选其他的材料。当然，也有可能出现另外一种情况：当对材料产生新的认识的时候，发现原来的立意不够高，于是否定了原来的立意，又在新的认识的基础上，重新构思文章。因此立意和选材是辩证的关系，也是一个辩证的过程。

(三)安排结构和写作阶段

1. 安排结构

安排结构的过程是以逻辑思维为主的理性思维过程。在完成了立意和选材之后，接着就要通过一定的结构形式和语言形式，诸如怎样安排结构、怎样剪裁、采用怎样的表现方法等等，来组织材料，表现中心。换句话说，就是设法找到材料和中心(观点)同结构形式、语言形式之间的关联，把受中心支配的材料，纳入到相应的字、词、句、段、篇的系统中去。在安排结构的过程中，学生要做的主要是以下两件事。

第一，归类和区别主次。在分析、比较的基础上，将不同类的材料加以区别，将同类性质的材料归类。就拿前面所举的《要节约用水》这篇文章的写作来说，入选的材料大体可以归并为三类。资料 1、资料 2，是讲我们国家水资源的匮乏；资料 3、资料 4 是讲合理用水；资料 7 是宣传水法，建立公水意识。内容略复杂一点的文章，还要将反映中心思想的主要材料和次要材料加以区别。①

第二，认识内在联系，确定安排顺序。考虑按照什么样的顺序将材料组织起来。这里有两点需要明确：其一，材料之间原本就存在着各种各样的内在联系——时间联系、空间联系、因果联系、逻辑联系等；因此，在组织材料时，学生的思考活动主要是发现材料之间的内在联系，其二，在认识材料的内在联系之后，仍可以有不同的组织材料的方法，拿记叙文来说，可以顺叙，也可以倒叙、插叙。这时学生的主要思考活动是以鲜明突出地表达中心为目标，经过分析、比较，选择最恰当的组织材料的方法。就拿《节约用水》这篇文章来说，从全文看是记叙，选材练习的这一段是说理，而且是特定的主体向特定的对象说理。因此先说什么，后说什么，还要认真分析特定对象的接受心理，并据此来确定顺序。从上述分析可以看出，安排结构的过程，是一个以逻辑思维为主的理性思维过程。

安排结构的过程也常常是直觉思维过程。直觉思维的最主要的特征是对事物之间关系(即内在联系)的整体把握。直觉思维虽然是在转

① 苏立康. 中学语文教学研究[M]. 北京：中央广播电视大学出版社，2003.

瞬之间作出判断，却并非是凭空而来的，而是建立在丰富的实践经验和丰厚的知识积累基础之上，运用直观透视、空间整合和关系模式匹配方法所作出的直觉判断。在作文构思的过程中，直觉思维有特别重要的作用。北京石景山区语文教研员冉工林老师曾谈过她的一次写作过程：20世纪 80 年代初，她参加一次作文竞赛。题目出来之后，在她的脑际立即呈现出她读过的另一篇文章，想起那篇文章的几个重要段落领起的句子。她立即套用了那篇文章的结构，连领起的句子也照用，把重新组织的内容安排到那篇文章的框架里去。这篇文章完成得很快。这种安排结构的过程是直觉思维的过程。在作文教学过程中，有的教师让学生大量阅读短文。每读一篇，都要理清思路，列出提纲。这样的练习多了，学生在构思、安排结构时就很快。我们不能排除直觉思维在其中的作用。

2. 写作经历两个“转化”

一是内部言语向外部言语的转化。构思完毕，接下去就是动笔作文了。常听学生说：“什么都想好了，到写的时候，还不是那么回事。”事实的确如此。这是因为想的和写的，内部言语和外部言语是有区别的。要写好文章，还必须经历从内部言语向外部言语转化的过程。

二是模糊思维到具体思维的转化。如果是记叙性和一些说明性的文章，动笔写作时，还要完成从模糊思维到具体思维转化的过程。这是因为选材时，选入的材料也是凭印象、凭感觉、凭感情而选的；许多素材还是断断续续、模糊不清的。

为阐述方便，我们按作文训练过程将其心理活动大体划分为三个阶段，但在实际上，上述许多心理活动是交织在一起、融合在一起的，很难完全划分开。学生的作文过程至此并未结束。他们接受了教师或同学的评改之后，还要运用反馈信息来调整自己，在调整中不断提高作文能力。为避免重复，所涉及的心理问题在研究“评改”时再谈。

二、中学生作文能力的培养

在上述分析的基础上，便可以探讨培养学生作文能力的策略了。

（一）通过阅读来启迪智慧，激发写作热情

阅读对学生发展的意义自不待言。单从作文方面看，拓展学生的阅读视野，为学生营造一个接触多元文化的宽松环境，让他们在潜心阅读的过程中去净化心灵，陶冶情操，在与作品沟通和撞击的过程中，燃起写作的热情，这同样是培养学生作文兴趣的重要策略。

通过阅读来启发学生的写作热情，一般采用两种方式。一种是自由阅读，自由写作；另一种是为写作而安排阅读，通过阅读来获得材料，获得灵感，完成写作。下面我们用一个例子来说明这个问题。

北师大实验中学于2001年在高中二年级安排了一次以《我与某人的一次偶遇》为题的作文教学活动，力图将研究性阅读与写作有机结合。

他们的设计思想是：写作是一种自由且个性的精神活动，只有激发出写作者的内在需求，充分调动写作者的创作热情，才会出现有生命力的作品。教师对写作者的促进应该是创设有利环境，激发学生的写作热情，努力培养学生写作必备的诸如观察力、想象力之类的基本要奏。

在做法上，他们给学生一个月的时间进行自主研究学习和写作。

下面是一位以与凡高相遇为内容的文章作者所谈的创作体会。

作者说，她自己也学绘画，对凡高其人她感觉是仰之弥高，钻之弥深。她读过也研究过凡高的传记和其他人的介绍和研究成果，但所有的文字都不如凡高绘画作品本身给她的刺激更强烈，感受更深刻。她觉得在对色彩的感受上，自己和凡高心灵相通，因此就想到用色彩来表现她心目中的凡高。而在写作的过程中，她的确感受到了凡高的存在，感觉到在精神的领域里，她与凡高存在着偶遇的必然。

从“心灵相通”，“感受到凡高的存在”，“偶遇的必然”等语句里，我们仿佛感受到作者的强烈激情，正是这种激情才是她写作的强大动力。

（二）在阅读和写作过程中，加强基础知识和教学

学生语文基础较差，必然会给作文带来困难，但加强语文基础，要有正确的策略——不能采用静态的做法，就知识补知识，而应把侧重点放在培养学生的作文兴趣上，帮助他们在写作过程中，有计划地去加强薄弱环节。

学生的学习心理告诉我们，当学生以一种积极的心态去追求新的目标的时候，他也会以积极的心态去克服自己的薄弱环节。在这种心态下，他会取得好的学习效果。

第三节　中学生作文教学的方法

一、作文教学计划的编制

学生的作文能力是综合性很强的一种能力。要提高学生的作文水平，除了着眼于全面提高学生的语文素养之外，还要循着能力形成的规律，按照由浅入深、由易到难、由简单到复杂、由单项到综合的顺序，安排并实施作文教学过程。前面谈到，作文是个性化很强的一件事，它不同于数理化，要实施科学的训练是很难的。但作文的基础要打好，写作的基本功必须扎实。换句话说，就是学生必须能熟练地运用语言这一工具进行表达。这就要求教师编制好作文教学计划，以便按照一定的目标，有步骤地对学生进行系统的扎扎实实的作文训练。①

鉴于作文的个性特点，作文教学也为教师提供了很大的创造空间。过去和现在，许多优秀的语文教师，从学生的实际出发，根据教学大纲的要求以及自己对作文教学的理解，编制了很有特点的作文教学计划。其中有些经过教学实践的检验，证明是成功的。

(1)基础训练。以课文为例子，利用第一册《观察细致才能写得具体》重点复习：①热爱生活，带着强烈的感情去观察；②选好观察对象；③选取恰当的观察方法；④动用多种感官观察；⑤要抓住观察对象的特征；⑥在观察中展开联想想象，拓展思路，丰富内容；⑦边观察边推敲，炼词炼句，做好表达的准备。

(2)起步训练。综合上述片段，连缀成篇，自拟题目，写一篇记叙文。

(3)提高训练。在上述基础上，拓展内容，强化技巧，锤炼语言，攀升

① 于亚中，李家珍．中学语文教学概论[M]．西安：陕西人民教育出版社，1985.

类次：从一人一事过渡到一人几事、几人一事、多人多事；根据表达中心思想的需要，选择最佳记叙顺序；写人要性格鲜明，个性突出，叙事要追求意料之外、情理之中的效果，写景要渲染气氛，衬托人物，推动情节发展；以叙述、描写为主，适当议论、抒情。

(4)巩固训练。强化特点，发扬优势，解决存在问题，巩固成绩。要因人而异。教师在作文批改时为每位同学指出一个"主攻"方向，要求他们在这次训练中全力突破。

三种文体作文梯度训练计划的构想是相同的。首先，都重视相关知识对写作的指导作用，而且这些知识具有共同的特征——即尽可能直接影响学生的写作行为，努力实现这些知识的可操作性。其次，既然是"梯度"训练，就都坚持了从易到难、从简单到复杂的设计。最后，既注重与教材的联系，也注重学生的实际，包括学生作文的实际水平和他们的心理实际。这后一点从诸多可选择的参考题目里可以看得比较清楚。当然，严格说来，三种文体的作文梯度训练还只是较具体的构想；要变为教师作文教学的计划还需要进一步细化。

二、作文的立题与指导

(一)作文的立题

这里不用"命题"，而用"立题"，是因为"命"字，包含有"给"的意思，而"给"的主体当然是教师。在作文过程中，我们强调学生是主体，从确立什么题目开始，就要同学生一起讨论，有时，教师给一些参考题，最后仍由学生自主选择确定，故称为立题。

学生的作文，有许多是没有题目的，大量的日记、随笔、读书笔记等，都没有题目。这种有感而发的自由练笔，学生获益很多，是应当加以提倡的。但按题作文的练习，也是必要的。确定题目的过程，对学生而言，也是明确要求、活跃思维的过程，有时还包含着立意、选材、构思的过程在内，应加以重视。作文题目的类型，大体有以下两类。①

① 贺卫东．中学语文教学案例研究[M]．西安：陕西师范大学出版总社，2019.

1. 与阅读相联系的题目

《全日制义务教育语文课程标准(实验稿)》要求初中学生“能从文章中提取主要信息，进行缩写；能根据文章的内在联系和自己的合理想象，进行扩写、续写；能变换文章的文体或表达方式，进行改写”。这四种文章要写好，基础都在阅读。例如把《祝福》改写为《祥林嫂之死》，题目不仅要求改换人称，还暗示着要求把祥林嫂的悲剧集中在一个场景中来写。改写前，学生必须把原文的情节线索搞得清清楚楚，还要把有关祥林嫂的主要情节摘出来，并且进行认真分析，抓住人物的本质特征。这样，改写时，才能在该发挥的地方，合理地发挥；该压缩的地方，毫不迟疑地压下去，并且合乎逻辑地将材料组织成一篇新的文章。缩写也如此。缩写前，必须抓住文章的中心思想；要分清主次，看出哪些内容是表达中心的最主要的材料，甚至要把重点段、重点句标示出来；还要把表达中心意思的几方面材料之间的逻辑关系搞清楚。在这个基础上缩写，才能做到从原文中提炼出最主要的内容，才能写出结构完整、前后连贯的好文章，而不是原文要点的罗列。扩写、续写等，道理也一样。把作文与阅读联系起来，有利于语文综合能力的提高。这种类型的作文练习，应引起重视。至于文章的立题，应考虑以下几个具体问题。

缩写，是在不改变文章原意的前提下，根据要求，加以提炼，压缩成短文。缩写的题目中，一定要明确要求，诸如缩写的目的、读者对象、内容要点、字数等，以便写作时有所遵循。

扩写，是对原文中的某一部分或某些内容(主要是记叙中的概括叙述、凝练的情节)进行扩展和生发——展开想象、补充细节；一般不能改变原意。扩写立题的关键，就是选准那些叙述概括、表达凝练的情节。

续写，一般是补充原文的未尽之意，使之获得新的发展，或者是根据文章的开头，接着写下去。第一类续写所选择的课文，一般是主要人物依然有尖锐的矛盾存在，这种矛盾还会发展，这才能够“续写”。第二类叙写，文体若不加限制，可叙可议，那么开头这一段一般应有情节。情节中还须包含着一定的道理。学生写作时，不但可以根据情节“续”下去，还能从中引发出议论，从“议”的方面“续”下去。

改写，就是同一内容，用不同的形式来表达。常见的改写形式有：改换人称，改变文体或语体(文言改为白话)，改变叙述顺序或叙述角度等。改写题的关键是：要选好供改写的材料。供改写的材料，内容基础一定要好。如果内容丰富而深刻，改写时就有回旋的余地。如果原作本身内容单薄，改写就很困难。此外，题目的措词也很重要，教师要把写作要求通过题目语言的选择和组织反映出来。与阅读相联系的作文也还有其他一些形式，如仿写、写读后感等，在作文练习中，也是常用的。

2. 与阅读无直接联系的题目

(1)词句式命题作文，像高考曾考过的“习惯”“春雨”“我在这战斗的一年里”等，这是最传统的命题方式。在作文练习的体裁、难易水平等基本确定的情况下，题目怎么出才好，一般要考虑以下几方面的问题。

第一，题目要有新意，以激发写作兴趣。

第二，题目要小，要具体，以便激活想象和联想。

第三，题目的措词要注意触动学生心灵，调动情感。情感是人对客观事物所持态度的情绪体验。作文命题若能动之以情，就如同拿到了一把金钥匙，就可以打开学生心灵宝库的大门。有的教师很注意从调动情感方面命题，如《父女之情》《啊，真高兴！》《我的忧与乐》《第一次挨打》《小议理解》等。一见这些题目，学生在十几年生活里所感受到的甜酸苦辣，便会一齐涌上心头。心灵宝库的大门打开了，不仅有了丰富的写作材料，还会产生强烈的写作欲望。

最后还要说明，这一类的命题作文最好是给一组题目，而不是一个两个题目。与一两个题目相比，一组题目所给的信息量要大得多，更易于激活学生的联想，活跃思维；同时给学生的创作空间也大得多，便于学生从自己的实际出发去自由选择。而且一般说来，即便是一组题目也是“参考题”，学生仍可以自己去命题，让这些题目真正发挥启发的作用。学生的主体地位不因命题方式而有丝毫的改变。

(2)话题作文。所谓“话题”，即谈话的由头，引发考生由此说开去。“话题”在表达形式上，也是一个词语或一个短句，这一点与词句式命题作文相似；但它不是作文题目，从而给学生以较大的自由度。“话题作文”一般也给一段材料，这与给材料作文也很相似；但它的目的不是给作文以种种限制，而是给个说开去的“引子”，以启发学生活跃的思维，激发学生的丰富联想。例如：以“机遇”为话题，文体不限，自拟题目，写一篇文章。这个作文命题非常明确地告诉学生：“机遇”只是个话题，这就给学生在作文内容上很大的空间——大至国家民族，小至一个单位或一个人；既可以谈古，也可以论今；可以谈“外”，也可以谈“内”；可以说己，也可以谈他人。对于机遇，可以谈抓住，也可以谈抓不住；可以肯定，也可以否定。主旨因内容而定，是开放的。至于体裁，更为自由一记叙、议论均可选择，还可以写成小说、散文、诗歌等。那么题目的限制在哪里呢？主要是言说范围的限制，必须与“机遇”相关；如果通篇与“机遇”，无关，自然就“跑题”了。话题作文的限制既然主要是言说范围，那么在立题时，首先要考虑的一定是这言说范围与学生的所思所想，以及其认知水平的一致性。在《高考话题作文》一书中，共列话题范围 11 个，包括热门话题、社会人生、感悟世界、自然环境、真知灼见、读书学习、名言警句、寓言故事、科幻想象、创新思维、其他。这当中虽然有些交义，但可以看出，教师在力图引导学生把眼界放宽的同时，始终把学生的心理及其实际水平作为设计话题范围的出发点。其次，话题作文的“引言”一般具有两个特点：一是广阔的启发性，可以激发学生多角度、多侧面的联想和想象；二是包含一定的人生哲理，给学生以深入开掘的较大余地。在立题时，要编制好“引言”这段文字，并认真推敲语言。

(二)作文的指导

1. 审题的指导

(1)审读圈点法。有引言的话题作文，常常用到这种方法。下面举例加以说明。

例题

材料：网，有有形的，有无形的；有有益的，有有害的……

要求：请以“网”为话题，自拟题目，写一篇不少于 700 字的作文，

除诗歌外，文体不限。

遇到这样的题目，在审读圈点的基础上，应明确两点：第一，题目的限制是什么。在上述例题中，关于话题言说范围的限制、题目“自拟”的要求、字数的规定、体裁的限制等，都应加以明确。第二，题目从哪些方面引发起联想。“有形”的网，可以使人想起渔网、蜘蛛网、河网……“无形”的网，使人想起情网、关系网……还有因特网。渔网，是从鱼和网的关系因而触发了联想，还是从网越来越密想到人类对生态

的破坏……蜘蛛网,是从蜘蛛织网的过程受到启示,还是从蜘蛛网的化学成分、特性,想到生物仿生技术的新的成果……河网,是从当年对水资源的浪费而想到科学技术的重要,还是由此而想到人与资源、人与自然的关系……至于那些"无形"的网,将更加会触发人想到无限丰富的人生百态,想到许许多多悲欢离合的故事。在审题阶段,当丰富的联想被激发之后,就要作一点比较鉴别的工作——把自己最熟悉的最有把握写好的内容筛选出来,并据此拟出题目,确定体裁,从而完成审题的工作。

(2)结构分析法。这种方法一般适用于词句式命题作文,作文题或为独词,或为一个短语,或为一句话。遇到这种文题,就要分析各个词语的意义及其相互间的联系,准确把握题旨;再根据题旨,明确所"限"和所"给",从而完成审题的任务。题目结构不同,其表意重心也不同。题目是偏正结构的,其表意重心往往在偏的部分。偏正结构的短语,正为中心词,偏的部分起修饰或限制作用;从逻辑上说,修饰限制性词语对中心所表概念的内涵与外延有关键作用,因此要特别予以重视。题目是联合结构的,词之间不分主次。题目的表意重心就在词与词之间的关系上。题目是动宾结构或主谓结构(主谓句)的,其表意重心往往在谓语动词上。题目是独词的,其表意重心就在它的本质特点,或者其比喻意义、象征意义或引申意义上。由此可见,文题的表意重心是有规律的。在抓住表意重心后,还要进一步根据题目分析和联想,把写的范围、中心、体裁、写法、字数等一一确定下来,才算完成审题的任务。

(3)题目补充法。话题作文和词句式命题作文,都有可能用到这种方法。这种方法主要针对那些概括性较强的文题,可在文题的前、后或中间补充相应的内容。例如:"回报"这个题目,经过补充,可以扩展出一组题目:

我对妈妈的回报

我怎样回报老师的爱?

中国足球,你就这样回报你的球迷吗?

索取与回报

一个人,不能不懂得回报

对题目作补充的实质就是将抽象的事物变得具体可感,变得更容易引发联想和想象。

(4)比较辨题法。因为"新人新事"一般说来是好人好事,但"新人新事"还自有其特点,如带有新的时代的特点,反映一种新的观念,新近发生的事情等。像这种情况，就可以用比较的方法。通过比较，帮助学生准确地把握题意，培养思维。

2. 写作过程的指导

在完成审题之后，就进入写作过程了——从立意、选材，到构思、写作。在实际教学中，教师往往并不单独安排审题阶段，而是把立题、丰富写作材料以及立意、选材、构思等，有机地融合在一起来安排写作指导。而且鉴于学生写作的主要困难是无话可说、无话想说，教师的作前指导往往首先着眼于激活思维、激发情感。从教师自觉运用心理规律进行写作指导来看，大体有以下三种思路。

(1)运用联想的规律指导作文。我们先看一个教例。

《少年的烦恼》作文指导。

教师首先肯定了此前作文《童年趣事》的写作，认为写得成功的首要原因，是遵循了写真实的原则。

教师接下去说：我认为《童年趣事》写得好的另一个原因是题目合你们的意，你们看到题目就会产生一系列的联想，引起许多回忆，激发起你们写作的兴趣。这次作文前，有几个同学来问我："老师，下次作文出什么题目，还写《童年趣事》这样的题目，我们就一定能写好。"

你们很想知道老师出什么作文题，对不？我想让你们接着写少年，你们正是少年或青少年，以后再写青年时代，完成三部曲，你们说好吗？

("好！"同学们齐声回答。"出什么题目？"有些同学问道。)

你们已经迫不及待地想知道题目是什么，我说个题目，你们不同意，咱们再商量。

(板书：作文题《少年的乐趣》，刚写到"乐"字，学生们在座位上就叫起来了，教室里像炸了锅。教师暗自高兴，因为已经在课前了解过，学生是在过重的学习负担、紧张的升学考试中度过少年时代的。教师故意用这个题目激发他们的情绪，把学生纳入对作文题目的积极思考中)。

师：看来你们的意见可不少，是"颠覆"性的。刚才，我已明确表态，允许你们否定这个题目，如果你们的意见有道理，我"投降"。

生1：我的少年时代没意思透了，整天是学习、学习，一点儿玩的时间都没有，爸爸、妈妈不让我看电视，看课外书也是为了作文，没有乐趣，怎么写呀？要写，我只好又瞎编了。

生2：我同意他的意见。我也一样，爸爸、妈妈整天就是"得多少分”？“考第几？”一回家，就不让出屋了，写完学校作业，还有家庭作业，要是我做得快，我爸看时间还来得及，再给我加上三四道题。累得我天天喘不过气来，只有星期六的晚上日子好过些。星期天是最紧张的一天，老师留的作业比平时多，除了作业还有复习，另外，我爸还给我报名参加“升学辅导班”，请有经验的老师给我们讲课，课后还留作业，回家做，忙得我四脚朝天。就这样一天又一天，一个星期又一个星期，一个月又一个月，连轴转，快没命了。

（下面学生都举起手，要发言。看出他们心里有不少苦楚。）

生3：我们小学老师留作业可多了，每天都得做到十点多。我习惯了，倒不怕了，就怕老师让“重作”。……

生4：我上六年级以前，淘气、不用功。我也怕重做作业，还怕开家长会。一开家长会，老师就告我的状，回家就有我受的了。我爸打人可厉害啦。有一次把我打得痛极了，还不肯停手……我们上小学时，挨爸爸、妈妈打的，可不少，有时考坏了，我们都不敢回家。我想写《少年的烦恼》，我觉得这个题目能反映我们的思想、生活。

师：大家觉得这个题目怎么样？还有不同的意见吗？

（“没有！”学生一致说。）

（板书：《少年的烦恼》。在《少年的乐趣》旁划上“×”。）

明明是要写《少年的烦恼》，教师给的题目却是《少年的乐趣》，乐趣与烦恼形成鲜明的对比。教师有意识地运用相对联想的规律，收到了好的效果。除了运用相对联想的规律外，相似联想、相关联想的运用更为普遍。教师的操作，除了设计导语外，选择一段阅读材料、一段音像资料或一篇范文来启发联想，效果也是很好的。关键是有两个问题要处理好：一是媒体的选择，即用什么文章、什么样的导语等来诱发学生的联想；二是教师语言的“搭桥”作用，即教师怎样帮助学生与媒体之间建立联系。这两个问题解决了，联想规律的运用就可以很自如，而且可以取得很好的效果。

(2)按照认识规律来指导作文。人们对事物的认识总要经过从感性到理性，从特殊到一般的过程；在这一过程中，人们的认识得以不断深化。许多教师把这一规律运用于作文指导，帮助学生开拓思路，提炼中心，发展认识能力。看一个教例。

《从剪贴美人头想到的》作文指导。

一位教师发现，女学生们（这是一个学服装剪裁的职业高中班，班里几乎全是女学生）一时间剪起美人头来了，她们用美人头包书皮，做提袋，布置房间，贴画……在一节语文课快要结束的时候，教师留下几分钟的时间和学生谈了这个问题。

教师问大家为什么喜欢美人头，学生们异口同声地说：因为她很美。教师又问“她美在什么地方”，有的学生说“她长得美，那一双眼睛尤其美”；有的说“她的发型很美，那短短的发型为她增加了几分俏皮，显得又活泼又有朝气”；有的说“她穿得美，首饰与衣服的搭配也很美”……几位同学发言之后，教师说：“大家都喜欢美人，喜欢美的事物，这很好。只有热爱美，才能追求美，并且进而创造美；我们的生活，我们的世界才能越来越美。下面我请大家思考一个问题：刚才大家所说的‘美’，都只限于外貌——当然，我们对这些演员的了解很少，大家‘以貌取人’是很自然的。那么外貌美是不是美人的惟一标准呢？想一想你心目中都有哪些人是美的，你判断一个人美不美，都有哪些标准，下一次作文课时，我们展开讨论，请大家查阅一些资料，写好提纲，做好发言的准备。”

作文课上，教师组织学生讨论了上述问题，学生发言很踊跃。有的学生刚刚看过电影《青春之歌》，认为林道静很美，有的学生认为林黛玉很美，有的学生又举出《巴黎圣母院》中的爱斯米拉达，举出《白蛇传》中的白娘娘……教师又让学生谈谈生活中有没有美的人，有的学生举出杨澜，说她“太聪明了，尤其有很高的语言才能”。有位学生举出教他们的一位老师，“尽管这位老师五十多岁了，个子不高，身体微胖，但是她风度非常好。尤其是课上得好，老师知识渊博，语言非常好，很难理解的问题，老师一讲，三言两语，就让人明白。实在让人佩服！”他认为这位老师是极有“魅力”的一位老师。

这时，教师适时组织学生对判断一个人美不美的标准作归纳。学生归纳为两个方面，一是外貌美，包括容貌、身材、服饰、举止；一是内蕴的美，包括品德、修养、才能、气质。两者之间，哪一方面是最根本的呢？学生们经过热烈的讨论，最后一致认为后者是最根本的，他们还引述了一些名家名言来证明自己的观点，如：“一个美人的雕塑，如果缺乏内在的性格，它就会令人想起尸体来。”（巴尔扎克语）“没有德行的美貌，是转瞬即逝的；可是因为在你的美貌之中，有一颗美好的灵魂，所以你的美貌是永存的。”（莎士比亚）有的学生还举了相反的例子来证明这一观点，如

《红楼梦》中的王熙凤,《战争与和平》中的海伦,她们虽然有美丽的外貌,但内心太丑了,所以从她们身上不仅看不到美,她们美丽的外貌反而令人生厌,令人恶心。

在学生充分发表意见的基础上,最后教师作了总结。教师引用了法国文论家丹纳的话"一个无论如何完美的躯体,必须有完美的灵魂才算完备"。鼓励学生去追求内蕴美和外貌美二者的统一。

讨论之后,学生以《谈美》或《从剪贴美人头想到的》为题写文章。这次作文,学生们个个有话可说,而且出现了一批有理有据、论证充分的好文章。

在上述作文指导过程中,教师首先丰富学生的感性认识,在教师的启发下,学生们列举了许多自己心目中的美人。然后,教师又引导学生在逐一作具体分析的基础上作归纳,最后概括出"内蕴的美是根本的,长久的,内蕴的美在相当重要的程度上决定外貌的美。我们应当追求二者的统一"。作文指导的全过程顺畅、自然,符合从感性到理性、从个别到一般的认识规律,既丰富了作文材料,又从材料中提炼出观点,完成了文章的立意,为这篇习作的完成作了充分准备。

(3)运用头脑风暴法来指导作文。头脑风暴法又称智力激励法,是一种激发学生创造性思维的方法。这种方法是通过讨论,让所有参加者在自由、愉快、畅所欲言的气氛中自由交换观点,并以此诱发集体智慧、激发学习者智慧与灵感的学习方法。头脑风暴法通常要围绕一个特定的话题进行,因此对作文教学来说是很有用的方法。头脑风暴法一般按以下步骤进行。

①个人思考。

②成对或小组活动。

③全班讨论。教师把全班学生的想法(最好以词或短语的形式)写在黑板上。

④全班进一步讨论。教师引导学生对提出的想法进一步评论、评价、比较、对比、重组和归类,选出最重要的或最有代表性的观点。

⑤个人进行写作。

头脑风暴法把传统课堂的信息单向传递(教师 f 学生)变为多向传递(教师 W 学生＝学生)。学生在讨论中,在多种信息的作用下,会产生丰富的联想,异常活跃的思维,还会不断撞击出智慧的火花。在这一过程中,教师作为指导者,除了鼓励学生积极思考,进行创造性的思维之外，还要以讨论和对话的形式挖掘各种有用的信息，并帮助形成思路。这对于提高学生的能力会有积极的促进作用。以上三种都是作前指导。在作文教学中，还有作后指导，一般是在讲评课上，通过分析、比较学生习作来进行的。与前面三种类型的指导不同，它往往要对照写作要求，针对习作中的主要问题，集中在一两个问题上进行指导，其针对性更强，重点突出。

第五章　中学语文口语交际与综合性学习教学研究

口语交际是指人们运用连贯标准的有声语言和无声语言交流思想、传递信息、表情达意的社会活动。有声语言即口语，包括言语、语音、语调、语态、语气和节奏。运用有声语言进行交际通常被称为言语交际，言语交际是口语交际的主体，没有它，口语交际也就不复存在。本章主要分析中学语文口语交际与综合性学习教学的相关内容。

第一节　口语交际教学的内涵

20世纪七八十年代，西方国家涌现出大量的移民，在美国、新西兰、加拿大等国家都是如此，在这一状况的影响下，语言学领域的研究者以及作为一线工作者的教师对语言学习的传统模式有了很大的意见，他们的理念开始发生转变。这些人认为，学生只掌握语言的语音、词汇、语法等知识并不能真正的学会语文，更不意味着可以流利地开口讲语文，甚至不能利用自己所学的这门语言在社会上谋生。随后，学者以及教师开始将语文语言能力看作交际能力的一个组成部分。①

有的学者认为，交际能力是语言学习者与他人利用语言这门工具所进行的信息互动，进而生成一种有意义的能力，这种能力区别于做语法、词汇知识选择题的能力。然而，学习者如果想要获取更加高级的交际能力，就必须对所使用语言的社会环境、文化环境有一定的了解。社会语言能力往往指的是使用语言的人在不同的场合与环境中运用语言的能

① 朱绍禹．中学语文课程与教学论[M]．长春：东北师范大学出版社，2006.

力，这一能力涉及的层面如下所示。

(1)语域，即正式语言或非正式语言的使用。

(2)用词是否恰当。

(3)语体变换与礼貌策略等。

一、口语交际的性质

从语言学的角度对口语交际进行分析，可以发现口语交际的性质有以下几点。

(一)临场性

口语交际的临场性，指的是所有口语交际活动都是面对特定的对象，在特定的语言环境中进行的。这是口语交际区别于书面交际的一个非常突出的特点。可从下面三个方面去理解。

首先，口语表达总是在特定的时空中进行的，必然受到时间和空间的种种制约。你在此时说的，彼时就听不到；你在此地说的，彼地就听不到。根据这个特点，在运用口语交际时，应该尽量以准确、清晰、洪亮的声音有效地完成口语表达。还要掌握适当的语速，运用反复强调等方式加强语言的刺激，来增强口语的整体效果。

其次，口语交际的对象更明确，更直接。因此，在表达内容和表达方式上就不能不考虑特定对象的接受能力和要求。根据这一特点，口语交际中无论是提出话题、控制话题、转移话题，都需要交际双方的配合。这不仅体现在交际双方各自的语用策略中，更体现在双方必须共同遵守的行为准则中。语用学研究发现，让交际双方协同一致、配合默契，让交际活动顺利进行的语用基本准则大致有两类：一类是会话合作的原则，另一类是礼貌原则。

再次，信息交流是在现场氛围中实施的，这种现场氛围对口语交际的影响有两个方面：一是由于现场氛围的限制，使得口语具有不可修改性，从这个意义上说，口语表达是一种遗憾的艺术；二是信息交流的现场决定了表达者在现场的每一分钟都容易受到现场的影响，当众说话，听者的反应常常影响说话人的情绪。因此，口语交际时一定要认真观察对方心理和情绪的变化，并根据反馈的信息随时调整说话的内容和形式，以牢牢掌握表达的主动权。

(二)实践性

凡是实践活动都具有实践性的特点。口语交际能力是人们在日常生活实践中获得的,表现出很强的生活实践性。

口语交际由于以学生的现实生活和社会实践为基础发掘课程资源,而并非在学科知识的逻辑序列中构建课程内容,因而在教学内容的取材上,要更贴近学生的生活实践和发展需要,要体现更大的灵活性,以“教材为中心”的观念在口语交际课程中是不可取的。《语文课程标准》在小学阶段有听人说话、听故事、复述、讲述、转述等要求,初中阶段有即席讲话、主题演讲、课堂讨论、应对能力等要求,这些要求都是重在交际过程中的实践能力培养。

二、口语交际教学的理念和目标

口语交际教学是九年制义务教育语文课程的重要内容,正确把握口语交际教学的理念和目标,对于研究口语交际教学的方法,全面提高学生的语文素养有着重要意义。口语交际教学由听说教学发展而来,在了解口语交际教学的理念和目标之前,很有必要对口语交际教学与听说教学作一个全方位的比较,这样更有助于我们正确地把握口语交际教学的理念和透彻地理解口语交际教学的目标。

(一)口语交际教学理念

1. 提高学生的文化素养

口语交际的态度、内容和用语,无不包含着文化的因素。中华民族历史悠久,中国是个文明古国,文化精华的积淀十分丰富,要使我们的后代继承和发扬中华文化传统,特别是让今天的青少年成为中华民族的优秀一代,必须有较高的语言文字修养,并从言语交流中体现文明国家公民的风貌。

孔子就很重视学生口语交际中的文化素质的培养。孔子讲课都是用“雅言”,雅言就是当时比较标准、比较规范的普通话。孔子强调演讲要有文采，说话要讲求技巧。他说："情欲信，辞欲巧。"这样才能说服打动对方。孔子还强调语言诗化，并谆谆告诫他的儿子孔鲤说："不学《诗》无以言"。孔子非常讲究说话艺术。他说："言之无文，行而不远。""质胜文则野，文胜质则史。文质彬彬，然后君子。"①

2. 构建和谐的人际关系

和谐社会需要和谐的人际关系。良好的人际关系，是事业成功、社会稳定、民族兴旺、国家繁荣的必要条件。因此，构建社会主义和谐社会，应当把促进人际关系的和谐摆在重要位置。和谐的人际关系，就是人与人之间在直接的物质交流和精神交流过程中，以感情为基础建立起来的一种相互尊重、诚信友爱、团结友善、和谐相处的人际关系，但是现实生活中有些人在口语交际时因为不具备相应的文明态度和言语修养而影响了人际关系的正常发展。如有的人听别人谈话时缺乏文明意识，随意打断对方的陈述，令人产生厌恶之情；有的人听领导安排工作时心不在焉，没把握住谈话的要领，造成工作上的失误；有的人说话表达不清，引起了别人的误解；有的人有说粗话、脏话的习惯，引起了别人的反感；有的人喜欢讥笑讽刺别人，伤害了别人的自尊心；有的人给领导提建议不会委婉，造成和领导关系紧张；有些人对道听途说的信息添油加醋，制造矛盾，影响团结等等。这些都是由于口语交际素养的低下而造成的人际关系的不和谐。

(二)口语交际教学目标

1. 总体目标

《全日制义务教育语文课程标准》明确地提出了义务教育阶段"口语交际"的总目标：使学生"具有日常口语交际的基本能力，在各种交际活动中，学会倾听、表达与交流，初步学会文明地进行人际沟通和社会交往，发展合作精神。"口语交际能力是一种综合能力，是现代公民必备的能力。培养口语交际能力，不仅对每个社会个体来说至关重要，而且对促进社会交往，实现人际沟通具有重要意义。总体目标从现代社会对未

① 朱绍禹．中学语文课程与教学论[M]．长春：东北师范大学出版社，2006．

来公民素质的要求出发，着眼于全面提高学生的语文素养，对口语交际教学提出明确而具体的要求。①

2. 阶段目标

在总体目标的基础上，《全日制义务教育语文课程标准》分四个学段对口语交际的目标提出了具体的要求。随着年级的升高，学段目标的要求也呈螺旋式上升状态。这些目标的设计，体现了整体性与阶段性的统一，基础性与发展性的结合，并为实际的口语交际教学提供了操作的抓手。

(1)第一学段目标

第一学段关于口语交际的表述共有 6 项：①学讲普通话，逐步养成讲普通话的习惯。②能认真听别人的讲话，努力了解讲话的内容。③听故事、看音像作品，能复述大意和精彩情节。④能较完整地讲述小故事，能简单讲述自己感兴趣的见闻。⑤与别人交谈时态度自然大方，有礼貌。⑥有表达的自信心。积极参加讨论，对感兴趣的话题发表自己的意见。其中第 2、3、4 项是从“知识和能力”的角度提出的，第 1、5 项是从“过程与方法的角度提出的，第 6 项是从“情感态度”的角度提出的。

要达到这一学段的目标，必须把握两点：一是要重视口语交际的“交际”功能。“认真听别人讲话，努力了解讲话的内容”，与别人交谈“有礼貌”，“有表达的自信心”，“积极参加讨论”等都是据此提出的明确要求。二是要重视实践。学生交际能力的形成必须通过有效的实践活动来达成，要引导学生积极参加口语交际活动，敢于说，乐于说，“积极参加讨论”，愿意“对感兴趣的话题发表自己的意见”。在交际中学会交际，除了一些必须掌握的口语交际习惯要提醒学生注意外，对低年级的儿童要少讲甚至不讲口语交际的知识。②

(2)第二学段目标

第二学段关于口语交际的表述共有 4 项：①能用普通话交谈。在交谈中能认真倾听，并能就不理解的地方向人请教，就不同的意见与人商讨。②听人说话能把握主要内容，并能简要转述。③能清楚明白地讲述见闻，并说出自己的感受和想法。④能具体生动地讲述故事，努力用语言打动他人。

---

① 王世群．中学语文教学艺术 100 招[M]．重庆：重庆出版社，2006.

② 闫祯．中学语文教学法新编[M]．武汉：华中师范大学出版社，2007.

与第一学段相比，第二学段的目标要求有明显的提高。具体表现为：①提出了“认真倾听”“请教”“商讨”的新要求，即重视良好的交际态度和交际策略的培养，这对于学生口语的发展和交际能力的提高是会有好处的。②提出了“把握”别人讲话的内容，“并能简要转述”的新要求。第一学段的“努力了解”侧重培养交际的态度，而第二学段的“把握”则在积极态度的基础上，又强调了过程和能力的要求。③提出了“能具体生动地讲述故事，努力用语言打动他人”的新要求。这对学生的口语能力要求更高了。要实现这一要求，教学中要多注意语言积累，包括生活语言和书面语言的积累。④提出了“能清楚明白地讲述见闻，并说出自己的感受和想法”的新要求。讲述不仅要有真实性、条理性和完整性，还要注意谈感受和想法，这对于提高学生的思维能力、思想水平、道德水准，对于促进学生完善人格的发展是极有好处的。

(3)第三学段目标

第三学段关于口语交际的表述共有 4 项：①与人交流能尊重、理解对方。②乐于参与讨论，敢于发表自己的意见。③听他人说话认真耐心，能抓住要点，并能简要转述。④表达要有条理，语气、语调适当。⑤能根据交流的对象和场合，稍作准备，作简单的发言。③在交际中注意语言美，抵制不文明的语言。

课程标准进一步提出了人与人之间交流时情感态度方面的要求：“与人交流能尊重、理解对方。”“尊重”和“理解”是交际中的人文关怀，是课程的人文性在口语交际中的体现。善解人意是一种美德，平等地对待每一个交际者，这更是一种人品。“乐于参与讨论，敢于发表自己的意见”，鼓励学生为表现自我，为适应社会和生活需要而进行口语交际活动。文明交际对学生提出了提高交流品位的要求，这是现代生活对人文素养的一个基本要求。

(4)第四学段目标

这一学段的口语交际目标总共有 8 项，分别由以下三个方面的内容构成：一是口语交际的总体要求：“能注意对象和场合，学习文明得体地进行交流。”二是从听的角度提出的要求：“耐心专注地倾听，能根据对方的话语、表情、手势等，理解对方的观点和意图”“能听出讨论的焦点，并有针对性地发表意见”；三是从说的角度提出的要求，内容有：“自信、负责地表达自己的观点，做到清楚，连贯，不偏离话题”；“注意表情和语气，使说话有感染力和说服力”；“在交流过程中，注意根据需要调整自己的表达内容和方式，不断提高应对能力”“讲述见闻，内容具体、语言生动。复述转述，完整准确、突出要点”“能就适当的话题作即席讲话和有准备的主题演讲，有自己的观点，有一定的说服力”“课堂内外讨论问题，能积极发表自己的看法，有中心，有条理，有根据”。

以上内容尽管沿用听和说两个角度进行分类，但着眼点和落脚点不在听和说，而是在“交际”上。交际不是单纯的听，不是单纯的说，也不是简单的听说合一，它是在具体的情境中，人与人之间的信息交流过程，这个过程不是静止的、定向的，而是互动的、多变的。从“听说训练”到“口语交际”，这个变化体现了语文真正回归母语教学本体，体现了母语教学与生活的不可分。

三、口语教学的原则

（一）先听后说原则

在语文语言技能中，听和说是相辅相成，听是说的基础，俗话说“耳熟能详”，只有认真听、反复听、坚持听，才能最终说一口流利的口语。因此，口语学习应当坚持先听后说原则，即教师首先应注意加强学生听的能力，其次才是说的能力。只有坚持先听后说原则，才能帮助学生掌握正确的发音，为训练口语能力打下良好基础。

（二）内外兼顾原则

口语能力的提升需要大量的练习，但口语课堂教学时间是有限的，学生的口语表达能力不可能在有限的课堂时间内容得到锻炼和提升，还需要充分利用课外时间。对此，学生在开展口语学习时，应遵循内外兼顾原则，即将课堂教学与课外活动相结合，全面提高自身的口语能力。在课堂教学练习的基础上，学生开展相应的课外活动，可以将课堂上所学习的知识在课外活动中进行充分实践，从而达到复习、巩固知识的目的。①

① 钱加清．语文课程与教学论[M]．济南：山东人民出版社，2008.

（三）科学纠错原则

学生口语能力的锻炼需要学生不断说，而学生在说的过程中难免会出现各种问题，有些教师不注意纠错的方式，一旦发现学生表达有误，就打断学生进行纠错，这样不仅会打断学生的思路，还会挫伤学生的自信心，更会使学生失去说的勇气。对此，教师应遵循科学纠错原则，即对学生表达过程中出现的问题加以区别对待，根据学生的性格和所处的场合分别处理。这样能避免影响学生的积极性，也能使学生认识到自己的错误并自行加以改正。

第二节　口语交际的心理过程研究

口语交际是人类言语交际的基本形式，它既是人的发音器官和听觉器官的一种生理活动，也是一种复杂的心理活动。它包括说话和听话这两个紧密联系着的方面。

人的说话能力是靠人脑的言语运动来支配的。当人们进行口头言语交际时，说话人先要产生说话的动机，用极简略的内部言语确定说话的大致内容，接着要将大脑中储存的词语、句式、语气选择出来，并按照一定的规范排列起来，形成比较完整的内部言语，然后要借助发音器官——呼吸器官、喉头和声带、口腔和鼻腔的协调运动，将内部言语转换成有声的外部言语，传达给听话人。听话人的听觉器官接收了说话人发出的声音信号，立即通过听觉传导神经把这些声音信号传到大脑的言语听区。这时，言语听区便积极地进行思维，把声音信号变成句子，从而理解其意义。

从信息加工来看，口语交际过程是一个言语信息传递及反馈的过程。说者通过言语发送信息，听者通过言语接受信息，以交流思想或信息。具体地说，运用口语进行交际的过程，就是信息编码、发码、接码和译码的过程。

编码，也称想说阶段。人的说话动机是由于客观现实在头脑中的反映引起的。假如说者有了说话动机，想把自己的认识或思想传达给听者，这就需要从大脑的词汇库中寻找和选择恰当的词语，并按照语法规则把这些词语编排成句子，也就是把一定的语义内容组成一定的言语形式。言语形式是信息的载体。说者应该力求编码清晰、明确，避免失误。如果编码出现误差，就会“词不达意”，从而妨碍语义内容的表达。

发码，也称说出阶段。说者具备了说话动机，选择恰当词语及其组合方式进行编码之后，就会通过发送器将言语形式输出。口语的发送器包括肺、喉头、声带、口腔、鼻腔等发音器官。一定的言语形式，规定发音器官相应的运动过程。发音器官必须准确、清晰地把编码后的言语形式输出。如果出现误差，就会使听者“不知所云”。

传码，也称传送阶段。经过编码、发码的言语形式一旦输出，语义内容即附着于言语形式进行传递。口语的声波就会载着语义内容通过空气或电路传递到听者那里。在这个阶段需要排除各种干扰，使言语形式保持基本特征，不失本真，否则，听者将无法辨识，以致不能接收。

接码，也称接收阶段。说者所传送的言语形式通过空气等传到听者那里，听者的接收器开始动作。在口语交际中，接收器是听觉器官，接收器必须正确地辨识言语形式，否则会产生接收误差，以致“张冠李戴”，有的人的接收器不灵，在交谈的过程中往往会“出岔”，这就是所谓的接收误差。

译码，也称理解阶段。听者接收到说者发送的言语形式后，就会通过大脑中的言语中枢，对这些声音进行分解合成并“还原”为语义内容，从而理解说者所传达的信息。译码失误，对语义内容的理解就会受到影响，甚至会弄得“郢书燕说”。

实际上，在言语交际过程中这五个阶段的连续衔接只是瞬间的事情。言语就是这样在人们交流思想的过程中实现它的交际功能的。这一过程，用有些学者的话来说，就是从说话人传递到听话人的信息，首先是以语言形式排列的，说话人选择恰当的词语和句子来表达他想说的话。然后，这些信息经过一系列的转换，最终在听话人一端又重新变成语言形式，听话人使他的听觉去适应一系列的词和句子，在他听懂了说话人所说的话的时候，这个过程就完成了。

第三节　中学生口语交际教学方法研究

一、专门性口语交际训练

一般来说，专门性的口语交际训练是教师就教材中的口语交际训练的内容组织的专门性训练。专门性训练的特点是：系统性、集中性、有序性和单一性。当前使用的语文教材都安排了适量的口语交际训练内容，对口语交际的特点和相关知识作了较为具体的介绍，同时还设计了一定量次的练习。这样就使口语交际训练能够有系统、有计划地进行。每个学期安排若干次口语交际训练，训练目标明确，因而也具有集中性、单一性的特点。当然，训练样式的单一性不等于训练方法的单一性。一次虽然只能训练一种样式，但训练方法却可以多种多样。

（一）专门性听话训练

1. 辨音力的训练

辨音，主要是辨别音节的声母、韵母、声调、语气、语调及停顿。训练的方法主要有语音辨正练习，重音辨正练习，语调辨析练习，语音停顿辨析练习等。

2. 理解力的训练

理解力的强弱是衡量听话能力的重要标志。所谓理解力的训练，即对词语所代表的概念的意义准确地破译，对于词语连缀起来所表示的完整的意思深刻领会的能力的训练。训练的内容主要包括理解词语、理解句子、理解语段等。

3. 品评力的训练

品评力的训练即对所听知的材料进行鉴赏、评价的能力训练，这是一项较高层次的训练。它不仅有助于提高学生对话语的品评能力，而且对发展审美能力也有很大帮助。训练这种能力，主要可以通过听读文学作品的形式进行。

（二）专门性说话能力训练

1. 演讲

演讲是在公开场合面对较多的听众，针对某一问题或某一事件发表见解、阐明道理、进行宣传鼓动的口语训练方式。它能有效地训练学生的口语表达技巧和心理素质。

2. 辩论

辩论是围绕同一论题，正反双方通过激烈的争辩来捍卫自己的观点，驳斥对方观点的一种口语交际训练。辩论是思想的竞赛，也是说理的竞赛，能有效地培养学生敏捷的思辨能力和快速的论证表达能力。通过辩论，可以使学生明确是非，磨砺思想，增加积累，扩大视野，养成良好的思维习惯和口语交际习惯。①

辩论训练的形式，除了常见的擂台赛式，还可以采用开放型辩论。开放型的辩论，就是除了辩论主持人、计时员之外，其他人都可以参与到辩论活动中，这种辩论形式可以让更多的学生参与到辩论活动中来，因而更受学生的欢迎。

二、随机性口语交际训练

随机性训练是在阅读或写作教学过程中，临时安排的口语交际训练。随机性口语交际训练具有灵活性和经常性的特点。

由于这种口语交际训练是结合阅读教学或作文教学进行的，没有口语交际教材作为依据，所以对训练样式和内容的安排，就带有很大的随机性。当然随机性不等于随意性，什么时间安排，形式怎样，内容如何，教师都应予以认真考虑。

---

① 朱绍禹．中学语文课程与教学论[M]．长春：东北师范大学出版社，2006.

随机性训练的样式和内容，可以灵活处理。比如在讲读教学中，既可以听问讲述，也可以听记讲读；既可以复述问答，也可以讨论对话。至于训练内容，在注意联系课文内容的前提下，教师可以自由灵活地掌握。而在作文教学中，也可以随时随地进行。

（一）随机性听话训练

在阅读教学和作文教学中，根据不同的训练目的，可以采用不同的训练方法。比较常用的训练方法有以下七种：

1. 听问训练

听问训练是对听到的问题作出判断并予以回答的技能训练，它是培养学生听话注意力和听话判断力的最常用的方法。听问训练可以结合阅读教学、作文教学进行，主要形式有口问口答和口问笔答两种。教师在备课时要精心设计问题，有意变换提问角度，以提高学生的思辨能力。

2. 听述训练

听述训练是用口语或文字把听知的材料复述出来的一种技能训练。听后复述出忠实于原材料的内容，不允许歪曲或生发想象，这就要求学生很好地领会话语的主旨和内容，记住别人说话时的语气、语调和语序。主要包括听后详述、听后概述、听后综述等训练方式。

3. 听记训练

听记训练，指运用语言文字符号把听知材料记录下来的技能训练。这种方式耳、脑、手三者并用，可以培养学生反应的敏捷性和注意力的分配以及听话的理解力、概括力等。主要包括慢记、速记、纪要和追记等方式。

4. 听辨训练

听辨训练指对听到的话语进行辨别、判断的技能训练。这种方式可以提高学生的辨识能力、判断能力和品评能力。听辨训练主要包括听辨正误、听辨异同、听辨优劣等方式。

5. 听评训练

听评训练是对听到的语言材料进行分析评价的技能训练。这是对语言信息由表及里逐渐深入本质的一种认识过程，这种训练可以培养学生的理解和品评能力。听评训练主要包括评析课文、评析作文、评析发言等方式。

6. 听测训练

听测训练即从听到的话语来推测相关的内容或情况的训练。如结果符合预测，可了解自己的推理能力，如结果不符合预测，则会感到出人意料，更能激发对听知内容的兴趣。这种训练对锻炼联想力、想象力、逻辑推理能力等都有重要作用。常见的方式包括听测结果、听测人物、听测意图、听测原因等。

总之，中学生的听话训练途径广泛，方法多样，不但可以在课内教学过程中结合阅读写作说话的训练进行，还可以在课外语文活动的广阔天地中进行。

（二）随机性说话训练

1. 朗读

朗读是语文课阅读教学的重要方式。在初读课文时，以朗读来熟悉课文的语言和内容；在理解课文的过程中，以朗读领会课文的主旨；在吃透课文后，朗读出自己的理解和领悟。典范性强的文章，要在反复朗读中背诵下来。

在朗读时，教师应在吐字归音方面提出要求，教给方法，作出示范。在讲评时，可引例分析。只要认真引导，严格要求，初中阶段的学生是可以达到训练要求的。

2. 复述

复述，即通过视觉或听觉将阅读材料消化理解储存脑中，然后转化为口头语言表达出来。复述的特点表现在，复述者组织内部语言是在理解吸收文本的基础上进行的。复述的内容是现成的，说话者可着力于内部语言的组织和向有声语言的转换；转换中，可凭借原文来实现语词编码。复述对丰富学生的语言，体会内部语言的组织和语词编码，提高口语表达能力，有很大作用。

三、语文口语教学方法的具体实施

(一)教学理念和教学目标

在语文口语教学中,应该坚持以学生作为中心,课堂内应该将学生的主体作用发挥出来,教师担当主导的责任,这样才能真正地提升教学的效果。基于这样的理念,语文口语教学应该对学生的自信心、准确性等进行培养,发挥语文作为工具性作用。开学初期,教师应该对不同阶段学生的口语评价标准有清晰的了解,学生首先对自己的语文口语水平有所了解,教师进而展开诊断性评断,引导学生对口语学习目标等进行制订,以此提升语文口语教与学的水平。

(二)课前线上翻转预习

语文口语教学是建立在语文综合教程基础上的。在课前,预习主要是线上的预习。教师在设置预习任务的时候,应该从单元课文主题设计出发,采用多种形式,如问题讨论形式、朗读形式、角色扮演形式等,便于学生展开学习,为课堂的展开做铺垫。

同时,学生应该采用网络技术,对相关语文文章、视频等进行搜索,对课堂口语学习任务进行准备。通过线上学习,学生展开语文语言的输入与输出,为课堂展开做铺垫,还能在一定程度上增强学生口语表达的自信心。这种模式将传统的讲授式教学进行颠覆,实现了从教到学的转变,也调动了学生学习的积极性。

(三)课中线下交流+信息技术

在课堂上,教师检查学生口语任务的完成情况,教师的角色也发生了转变,从操控者逐渐向指导者转向。在课堂上,口语活动除了面对面交流,还可以通过 QQ 语音来参与,这样可以使学生都参与其中,增强学生参与课堂的程度。

教师对学生的口语情况进行反馈,分析学生的口语流利情况、语音情况、词汇是否多样、语法是否准确等,帮助学生对口语进行诊断,进而让学生更有效地进行学习。在课堂中,教师可以利用慕课资源,对学生的口语教学进行辅助,实现课堂与网络之间的融合,提升语文口语教学的效果。

语文口语课堂教学是建立在其他技能教学的基础上。因此,学生在听的基础上展开讨论与复述,这其实是在促进说。在阅读中,教师从文章内容中提出一些具备挑战的问题,让学生发散思维,提升综合能力。对于每一单元的课文,学生可以进行朗读,也可以通过复述,这样可以纠正学生的发音情况。当然,口语活动结束之后,教师可以要求学生展开一定程度的协作,这样可以使口语与写作相融合,提升学生的综合语言能力。

(四)课后线上+线下拓展学习

在课堂结束之后,学生可以运用网路技术展开线上与线下的学习。采用校园的听说系统,利用网络技术进行重复训练,对自己的学习效果加以巩固,提升自身的准确度与流利性。从课堂教学出发,为学生布置新的交互活动,如讨论、角色扮演等,学生在线下进行准备,然后通过手机录像上传,教师可以选取其中一些在下一节课进行展示。

学生利用教师推荐的网站与链接,在课堂结束后展开自主学习,如果学习中遇到问题,教师可以通过微信直播等形式为学生解惑。这些任务可以让学生的口语学习转到课外。在课堂结束之后,鼓励学生参与第二课堂或者一些朗诵比赛、话剧活动等,这也是线下学习的方式,从而不断提升学生的口语交际能力。

第四节 中学语文综合性学习教学的模式与策略研究

一、语文综合性学习的性质和目标

(一)语文综合性学习性质

语文综合性学习,是依据语文学科的自身功能、现代社会对人的素养需要和学生的实际而设置的。它是一种基于生活实践而非学科的学习领域，它以学习者的直接生活经验为基础，密切联系学生的语文生活和社会生活，体现了语文知识的综合运用和语文能力的综合训练。

语文综合性学习课型的产生，改变了语文教学的封闭状态，“从一定意义上说，是一次学习方式的革命”。“语文的外延与生活的外延相等”，语文综合课程的设置就是拓展语文教和学的外延，使之更接近社会生活。

语文综合性学习性质，分别体现为如下几方面。

1. 综合性

综合性是语文综合性学习中的第一本质体现，是此种课型产生和存在的主要理由。这一性质体现在学生的学习目标、学习内容和学习方式等诸多方面。从学习目标和学习内容方面看，它是识字写字、阅读、写作和口语交际等四个方面学习目标和内容的综合，是“知识和能力”“过程和方法”“情感态度和价值观”三个维度目标和内容的综合，是拓宽语文学习和运用领域的跨领域学习目标和内容的综合，它还是书本学习和实践学习、接受学习和探究学习、课内学习和课外学习等学习方式的综合。这种语文学习目标、学习内容和学习方式等方面的综合，都在追求学生综合素质的培养和整体的发展。①

2. 实践性

实践性是语文综合性学习的又一特性。它超出了书本学习和课堂学习，改变了听说读写能力培养的练习性质，注重学生的亲身经历和直接体验，引导学生在社会实践和现实生活中学语文、用语文。它使课内学习不再是虚构的、设想的，而是赋以真实的内容，使学生投身其中，增强实践意识和实践能力。为此，它要学生在综合性活动中亲自“观察”、亲自“调查”、亲自“设计”、亲自“实验”、亲自“创作”，通过这一系列自身参与的活动，使学生学会提出问题和解决问题，培养实际操作能力。

3. 自主性

自主性也是综合性学习的特征之一。基础教育的一个重要目标，就

① 朱绍禹．中学语文课程与教学论[M]．长春：东北师范大学出版社，2006.

是培养学生的学习意识和自主学习能力，综合性学习这一课型就有利于实现教师指导下的学生自主学习。

在这种学习中，学生始终处于自主地位，从学习主题的确立、学习过程的设计、学习途径的选择乃至学习效果的评价，无不由学生自己决定，从而充分发挥学生的潜能。

（二）语文综合性学习目标

《语文课程标准》对初中阶段（七至九年级）确定的目标，计有如下四项。

①能自主组织文学活动，在办刊、演出、讨论等活动过程中，体验合作与成功的喜悦。

②能提出学习和生活中感兴趣的问题，共同讨论，选出研究主题，制订简单的研究计划，并从报刊、书籍或其他媒体中获取有关资料，讨论、分析问题，独立合作写出简单的研究报告。

③关心学校、本地区和国内外大事，就共同关注的热点问题搜集资料，调查访问，相互讨论，能用文字、图表、图画、照片等展示学习成果。

④掌握查找资料、引用资料的基本方法，分清原始资料与间接资料的主要差别，学会注明所援引资料的出处。

很明显，上述目标是由语文综合性学习性质所决定的，并处处体现了语文综合性学习的特质。

第一，它体现了语文学习的综合性。这些目标中，包含了读、写、口语交际的全部语文学习活动，包含了学校、家庭、社会的语文学习活动，包含了观察社会和观察自然界的语文学习活动等。

第二，它还体现了语文学习的实践性。“课标”所规定的四项内容，无论是组织文学活动、制订学习计划和写出研究报告，还是搜集资料和展示成果等，无不需要学生自己用眼、动口、动脑、动手，使之增强综合实践能力。

第三，它还体现了语文学习的自主性。“课标”所确定的四项内容，体现了学生在综合性学习过程中，对知识的自主构建和能力的自我训练以及对情感态度和价值观的自我追求，学生从事“课标”中规定的任何一项活动，都需要培养学生的自主意识和主动参与精神。

二、语文综合性学习的理念和内容

(一)语文综合性学习理念

语文综合性学习有其自身的理念,主要的可概述如下三点。

1. 课堂教学和社会生活结合的理念

这一理念使语文教学不再限于固定的课堂,同时,走向社会生活,走向自然,在广阔的领域中学习。这就拓宽了语文学习的空间,扩大了学生的视野,使学生的素质得到整体提高。在课堂教学中学语文和在社会生活中学语文,二者并举,相互补充,就是语文综合性学习的一大理念。

2. 尊重他人和发展个性结合的理念

综合性语文学习,虽要求教师的引导,却更侧重学生个人的作用。它要求更多地体现出学生个人的智慧和才能,因而也就看重学生个性的自然显现和有意培养。但是由于并不是个人学习,而是在教师指导下的群体学习,所以既要尊重教师,又要听取其他同学意见,互学互动,在和谐的环境中发展个性,主要是发展自主意识和合作精神。

3. 接受性学习和创新思维结合的理念

语文综合性学习课程由学生自我设计、自我组织、自我实施和自我评价,目的在于培养学生个人的探究意识和创新思维。因此,教师就要理解学生,信任学生,为学生创造时间、空间和条件,使综合性目标得以实现。同时教师也要积极参与,及时指导,使学生的学习效果更好,效率更高。

(二)语文综合性学习内容

语文综合性学习包含如下内容。

1. 信息技术教育

信息技术教育,主要是利用网络开展信息搜集、信息储存和信息加工教育，以及学习在解决问题中的计算机的作用和运用方法。由于信息技术领域中的知识和技术迅猛发展，教师要及时了解其动态并掌握前沿的相关信息技术教育，进而引入教学中来。

2. 研究性学习

研究性学习是学生在教师指导下主动提出课题，通过自身的探索进而获得结论的学习方式。研究性学习的特殊价值在于，它比通常的课堂教学更能突出学习过程中的学生主体地位，更有利于发挥学生的潜能和个人特长，因而它成为综合课中最常用的一种学习方式。

3. 社区服务和社会实践

社区服务和社会实践是在教师引领下，走出校园，在某一方面为社区服务或参加社会性的实践活动。这种活动从学生这一方面看，是取得亲身经历的直接经验，受到社会教育，增强实践能力的活动；而从社区方面看，则是改善环境、建设社区的一种公益性活动。教师应充分利用社区的资源条件，开展社区服务和社会实践，以发挥既利于学生又利于社会的作用。

4. 劳动技术教育

劳动技术教育也是语文综合性学习中一项不可缺少的内容。它是以培养学生的心理和生理素养为宗旨的活动，它要求学生通过体力劳动和劳动技术的学习，使学生树立劳动观点，培育劳动情感，亲近劳动者，同时使身体健康成长。

第六章　中学语文中的实用文体教学研究

中学语文教学中常见的实用文体包括记叙文、说明文、议论文、应用文。这几类文体教学的实用性比较强，不同文体的教学内容、教学方式不同，教师需要根据一定的教学原则，采用合理的教学方法展开。本章就针对中学语文中的实用文体教学展开研究。

第一节　记叙文教学研究

一、文体知识的讲授和课文教学融合

现行教材在内容安排上注意了课文和文体知识的配合。例如初中第一册第一单元，知识短文是“记叙的要素”，安排的几篇课文重点涉及人物、事件、地点、时间、起因、发展等记叙要素的训练。初中第二册第一单元，知识短文是“记叙的中心材料”，选了《我的老师》《卓越的科学家竺可桢》《任弼时同志二三事》《老哥哥》《中山先生的学生时代》等五篇课文，都是围绕中心，选取了最能表现人物品德的一些事，在选材上很有特色。有一些单元没有附相关的知识短文，但在单元教学要求中一般都明确指出通过这一单元的教学应让学生掌握的文体知识。如初中第二册第五单元，单元教学要求中写明：“一、学习从情节入手分析人物性格的阅读方法；二、理解外貌、语言、行动描写对表现人物性格的作用”。这一单元的五篇课文《小桔灯》《社戏》《最后一课》《夜走灵官峡》《傻二哥》，

都是在情节发展过程中逐渐展示出人物性格，都用了肖像描写，语言、行动描写等手法来刻画人物性格。要求学生掌握的文体知识基本上都能在本单元或相邻的单元的课文中体现出来，使学生可以通过范文学习文体知识，也使课文的学习避免出现杂乱无章的情况。①

但实际教学往往没有很好地体现出教材编排本来的意图，目前大部分中学教学基本是文体知识和课文讲授分开进行，单独讲解知识短文，对一些未列入知识短文中，但单元教学要求中提到的文体知识则不讲。课文讲授基本是概括段落大意、总结中心思想和写作特点的模式，老师并没有有意识地提醒学生注意课文与有关文体知识的联系。

举例来说，初中第二册第五单元，单元教学要求中提出“学习从情节入手分析人物性格的阅读方法”。笔者曾到一所中学初二年级听课，五个班都是让学生在阅读课文后，划分段落层次，概括大意，根据段意看作者如何选材、表现中心的，最后总结中心思想，再分析写作手法，几篇课文的讲授都没有向学生提到什么是情节，课文写了什么故事情节。翻阅有关语文教学刊物上选载的一些教案，也发现存在这个问题，有些教案注意到文中人物思想感情、性格的发展，而且做了细致的分析，但没有明确将性格发展与情节发展联系起来，“从情节入手分析人物性格”这一教学目的基本没有达到。非但如此，这种传统的讲法可以用于任何一类记叙文，甚至任何文体分析中，并没有体现出文体特点。学生多年来已厌倦了这种千篇一律的教学。

这种“分析结构—段意—中心思想”的教学模式，是不符合学生的实际情况和阅读规律的。要求抽象思维正处于待发展阶段的大多数学生在阅读课文之后，迅速地给较长的、较复杂的记叙文准确地划分出结构层次，并写出提纲是不可能的。事实上，教学中学生们常常在划分段落上极不统一，教师在教学的第一阶段要花很多时间说服学生，将他们统一到自己的正确答案上来。结果是花时、费力、效果不佳。所以，在记叙文教学中，教师如何围绕(而不要脱离)单元教学的总体要求，突出每一课的教学重点，也就成了文体知识讲授与课文教学融合起来首先注意的一个原则。

记叙文有写人、记事、写景状物等不同的类别，现行中学教材安排有写人记叙文单元、记事记叙文单元、写景状物记叙文单元，等等。每一个

---

① 刘鸿庥．中学语文教学概论[M]．贵阳：贵州人民出版社，1994.

单元的教学要求，就是教学中应该突出的重点。

先看写人记叙文单元教学。以上述初中第二册第五单元为例。这一单元的阅读教学有两点要求，第一点要求是“从情节入手分析人物性格”。很明显，这是要求通过阅读教学，使学生了解情节对于塑造人物的重要作用。情节是人物性格发展的历史，据此，写人记叙文的阅读规律是先了解事件、人物，再到情节发展，然后是主题中心的概括，最后才考虑结构分析、艺术手法的运用。根据阅读规律及这个单元课文的具体特点，可以从具体情节入手提出问题，让学生思考。如《小桔灯》可以设计出下列问题：

主要写了几个人物：我和小姑娘。

写了什么事件：我俩的交往。

写了几件事：初识小姑娘，夜访小姑娘，和朋友谈起小姑娘。

各反映了小姑娘什么性格：（初识时）镇定，与年龄不符，（夜访，送小桔灯）乐观，关心人，（谈起小姑娘，知她父亲身份）机敏。

中心思想：详细分析各段如何表现中心、表现主人公的思想品德（这部分由教师主讲）。

这一单元的小说均可这样设计，在教学中应强调指出随着情节发展，人物性格是如何逐步鲜明起来，人物形象如何逐步丰满起来，经过几课的学习、反复，学生对“情节”的理解就很深了。这样的问题设置及教学，符合阅读规律，由“具象”到“抽象”，学生易于接受，并能有意识地培养学生在阅读中形成“阅读—领悟文章中心思想—体会表达方式”这种正确的思维习惯。这样做还有一个好处，即可准确反映学生理解课文的程度。一般学生对前三个问题都能准确回答，明白文章讲了什么，是记叙文阅读的基本功，对中学低年级学生尤为重要，所以对个别不能很好把握内容的学生要特别加强基本功的训练。对第四个问题，可能会有一部分学生答不对，而能准确答复第五个问题的学生就更少了，因为这个问题需要一定的抽象思维能力、语言概括能力，这也正是通过初中阶段教学所要达到的目标，应花大力气引导学生积极思考，帮助他们发展思维。这其实是将学生的思维活动量化，根据学生的不同水平，采取不同措施，有针对性地进行思维训练。

实践证明由情节出发，重点引导学生分析作品的线索、事件、人物性格，从而领悟中心思想，把握艺术手法的运用，是非常适合于小说分析的方法（因为小说以记人物为主），是较划分层次段落更易行、更好理解的方法，也是更符合文体特点的方法。很多优秀教师都采用了这种方法。如华东师大一附中的陆继春老师在讲《我的叔叔于勒》一课时，就详析了由盼望于勒到见到于勒到躲避于勒这一情节发展中，人物心理的前后变化，以及人物之间的性格差异，而文章要表明的中心也就在这一情节发展中完全表现出来了。

初中第二册第五单元阅读教学的第二点要求是“理解外貌、语言、行动描写对表现人物性格的作用。”记叙文的表述方式有叙述和描写两大类。所谓叙述，是把人物的经历或事物发展变化的过程表述出来；所谓描写，是指对人物、环境、情节、事物所作的具体的、形象的、细致的或感性的描摹、刻划和写照。如果说第一方面的教学要求偏重于学习记叙文的叙述特点，那么第二方面的教学要求则偏重于学习掌握记叙文的描写特色。也就是说，在进行写人记叙文这一单元的教学时，还要讲清文章是怎样从外貌、语言、行动描写等方面描写人物的。因为，人物的性格表现在各个方面，有时可以从人物的模样上突现出来，有时可以从人物说的话、做的事上表现出来，有时可以从人物的心理活动中显示出来。只有从多方面切入课文才有可能掌握写人记叙文描写人物的艺术手法和技巧，提高阅读教学的水平。教师可以作这样的教学设计：

肖像描写：言貌、服饰、体态、神情。

语言描写：讲话、自言自语、对话等。

行动描写：具体姿态、动作等。

心理描写：想什么，怎样想。

细节描写：小处落笔的细腻、具体。

对各类记叙文都可以根据文章的特点以及教学要求如上文所举例那样设计教学。记事文的教学可设计为：

记了什么事、几件事。

事件发生的地点、时间、人物。

事件的全过程：清楚、完整的事情经过，条理清晰的前因后果、来龙去脉。

表达什么中心思想。

记叙的顺序。

叙事的手法：叙述、描写的手法。

写景文的教学设计可以重点从以下方面来着手：

写了什么景物？例如范仲淹的《岳阳楼记》写“湖水”，柳宗元的《小石潭记》写“潭水”，郦道元的《水经注·江水》写“江水”，袁宏道的《满中游记》写“河水”，等等。

怎样调配叙述景物的层次？近景、中景、远景；景的季节，气候，早中夜时间变化，等等。

怎样描写(用什么样的手法写景)？例如，《岳阳楼记》的浓墨重彩，铺张渲染；《小石潭记》的映衬烘托、侧面描写；《水经注·江水》的烘云托月、点染补衬；《满中游记》的细腻蕴情、尽妍极丽，等等。

表现了什么样的主题？

这样的教学摆脱了公式化的模式，充分体现了文体特点和教学要求，达到了这些要求就是掌握了这种文体。课前讲清学习目的，明确学习要求，学生学习时就会方向明确，专心致志，取得良好效果。

二、透彻分析词语，把阅读引向深入

记叙文的教学要取得成效，还必须在课文用语的分析上达到“透”的高度，使学生能够深入地理解文章的用语是如何巧妙地体现出内容的深刻意蕴的。这是记叙文教学的一个难点，也是必须引起高度重视的一个重要问题。

学生的记叙文写作中所反映出来的问题充分说明了解决这一问题的重要性。读写相长，对一种文体掌握得如何最终要反映在对这种文体的运用上。在记叙文的写作教学中，教师们的普遍反映是记叙文的条理性、完整性、围绕中心组织材料这些要求，学生经过一段时间的训练都能达到，但在用语的准确、鲜明、生动上则难有突破。尤其在语言的生动形象这方面，存在的问题比较普遍、严重。下面这篇游记习作就是很典型的作品。

划完船我们又到动物园里玩。一进门，首先看到的是孔雀，但这孔雀不开屏。我们又看见了猴子，那些猴子活蹦乱跳的，很惹人喜爱。我用手里的面包喂猴子，小猴子可喜欢吃呢。接着我们又看那凶恶的老虎和狮子。老虎在笼子里走来走去，我看见了心惊胆战的，离得远远的。狮子呢？在那里睡大觉呢。我和姐姐又去看了大熊猫，大熊猫正在那里吃竹子，它那样子使我看了都好笑。我们又去看了狐狸，狐狸也是个大懒虫，在那里卷着睡觉呢。我和姐姐去看了仙鹤，仙鹤正在梳理它的洁白的羽毛。有一个小弟弟过来叫我帮他画仙鹤，幸好我是学过画的，不然我就画不出来。我一笔一笔地给那小弟弟画了，小弟弟说我画得真像。回来时，我看见了梅花鹿，我在旁边拔了一点草喂小鹿，小鹿用嘴舔我的手，舔得我的手好痒，我万分高兴。①

小作者的感觉不可说不敏锐，有些语句写得相当活泼。但写了那么多种动物，种种皆蜻蜓点水，没有一种有细致的描写，文章显得干瘪，与生动形象相距甚远。

这一点不仅体现在作文中，在阅读教学中也有反映，对于课文中一些生动、形象的描写，学生常常滑过去了，没有注意到，体会到，而只注意了故事情节。这种情况从初中持续到高中。

产生这种情况的原因是由于中学生心智各方面的发展还不是很成熟。初中生刚刚告别童年，思维活跃，感受性强。但感情经历不丰富，感情体验不细腻。高中生思维形成了，但语言发展呈停滞状态，常常出现词不达意的情况。因此，在记叙文教学中教师应透彻地分析词语，尤其应在用语生动形象的细节分析上下功夫，引导学生仔细品味文中的感情变化、用词精妙。例如《藤野先生》有一段，写藤野先生批评鲁迅画错了解剖图。

指着，向我和蔼的说道："你看，你将这条血管移了一点位置了。——自然，这样一移，的确比较的好看些，然而解剖图不是美术，实物是那么样的，我们没法改换它。现在我给你改好了，以后你要全照着黑板上那样画。"

但是我不服气，口头答应着，心里却想道："图还是我画的不错；至于实在的情形，我心里自然记得的。"

一般的学生读了这一段，只笼统地想到这表示藤野先生对学生的关心就过去了。但仔细分析句句都含义深刻。如第一句，表明藤野先生对学生的关心是一贯的，他知道鲁迅平时爱好美术，体察到学生犯错误的原因。在肯定学生的美术专长时，严肃地提出批评，既批评了学生又不至于挫伤学生的积极性，很讲究教育的方法。藤野先生待人之和蔼可亲就可见一斑了。而他对学生的关心也通过极为具体、细微的小事表现出来。而后句，则活现出一个已知错但不肯服输的学生的形象。

---

① 王世群．中学语文教学艺术100招[M]．重庆：重庆出版社，2006.

《小桔灯》中小姑娘一出场的镇定，不仅仅体现在她妈妈吐血了，她一个人并不慌张，出来想办法，还表现在她想打电话而不知道电话号码时，“她摇了摇头说：我正想问电话局……”

对这一段，学生们往往只注意了前一细节，而忽略了后一细节。

《我的叔叔于勒》中有这么一段话：

我心里默默念道：这是我的叔叔，父亲的弟弟，我的亲叔叔。

优秀教师钱梦龙在讲这一句时，要求学生反复读，体会为什么要用“默念”，为什么要用三个称呼反复指称同一人，为什么后一句要用一个“亲”字。仅仅一句话，却让学生体会到金钱社会的残酷无情、世态炎凉，作者的感情，尽在其中了。

提醒学生注意忽视了的细节，在这些细节上大做文章，挖出蕴藏着的丰富内涵，把阅读理解引向深入，久而久之，学生就会形成仔细体味作品的习惯，改掉理解文义粗糙的毛病。

另外，记叙文的教学还应该遵循学用一致的原则，把阅读训练和写作训练结合起来。例如，在进行了比较复杂的记叙文的阅读教学后可以布置学生写一篇记叙文，让其在写作中能够很好地综合运用记叙文的有关知识，如记叙的要素，中心和选材，记叙的顺序，开头和结尾，过渡和照应，记叙的详略，剪裁和组织结构以及记叙中的议论和抒情等等。例如，布置学生写一篇比较详细的参观记，提出详细要求，将下面的材料组织起来：

①参观某历史人物故居的经过；

②某历史人物的有关生平事迹；

③当地的风土人情；

④与故居有关的传说故事；

⑤他人对某历史人物的评议；

⑥可以引用的古诗文，等等。

同时，要给学生提示：注意材料的合理安排，抓住一条线索，围绕一个中心，既要善于展开，又要收缩自如，切勿写成一般的简单记叙文。实践证明，阅读教学和写作教学结合，容易收到好的教学效果。

第二节 议论文教学研究

议论文是以议论为主要表达方式,阐明主张、论述道理的文章体裁。议论文的种类多样:从议论方式上,可分为立论文和驳论文;从内容上,可分为政论、学术论文、时事评论等;从表现形式上,可分为专论、评论、杂文、序跋、演讲稿、读后感等。和记叙文一样,议论文也是中学语文教学的重点之一,在教材中占有相当的分量。议论文教学主要通过对文章论点论据的分析和论证方法的研究来理解课文的思想内容,体会文章的写作技巧。一方面可以指导学生掌握议论文的相关知识,熟悉议论文论证方法和结构形式。逐步提高阅读和写作议论文的能力。另一方面则有利于使学生掌握正确的思想方法和思考方式,提高学生思维的广度、灵敏度、深刻度,发展其辩证逻辑思维能力。当然,围绕情感态度和价值观的课程目标,还应该注意培养学生对社会生活的评判分析能力,提高他们的思想认识水平,树立正确的世界观和人生观。

认真搞好议论文教学是中学语文教学的一项重要任务。学生的思维能力(包括分析、综合、概括和推理能力)和议论能力的培养,在某种意义上讲,要比记叙能力的培养更困难,也更重要。因为议论能力对学生踏上社会以后更需要,更实用。所以,在中学语文教学内容的安排上,从初中到高中,议论文教学的比重逐渐加大,在高中已经占了相当大的成分。怎样搞好议论文教学呢?我们认为,围绕语言训练和思维训练这两个中心,从以下三个方面入手。

一、注重议论语言的分析,加强思维训练

各种文体表达方式各异,语言特点也就不同,议论文教学要教出"论"的特色,还必须注重议论语言特点的分析。

议论语言的第一个特点是它的准确性。当然,准确性并不是议论文独有的特点,一般的书面语言都要求表达的准确性。和其他文体的语言比较起来,议论语言的准确性,在于用准确的词、句、句群,以及段

落，来构成明确的概念、准确的判断和严密的推理。在教学中，教师要着力讲清议论文用语明确、判断准确、推理严密的语言特点。如《改造我们的学习》在肯定我党二十年来在对于马克思主义的认识和对于中国革命的认识方面所取得的成绩时，把我党的幼年时期与现在加以比较："幼年时期……认识是何等肤浅，何等贫乏，则现在……认识是深刻得多，丰富得多了。""肤浅""深刻"和"贫乏""丰富"分别从认识的深度和广度两个方面准确地概括了两个时期我党的认识状况。两个"何等"与两个"得多"的运用更从分寸感上增强了上述四个词的准确性。再如，这篇文章谈到坏作风的三种情形："不注重研究现状""不注重研究历史""不注重马克思主义的应用"；主观主义态度的三种表现："对现状若明若暗""对历史漆黑一团""对马列无的放矢"；马列主义态度的三个要求："对现状作系统的周密的研究""对历史不要割断""对马列联系实际，有的放矢"。文章紧紧围住研究现状、研究历史、应用马列等三个方面，由分析坏作风的危害，谈到反对主观主义的必要，再到提倡马克思主义的态度，用语极其准确，推理极其严密。上述这些语言特点都是在教学中应该引起注意的。

议论语言的第二个特点是它的鲜明性。议论文语言的鲜明性主要表现在两个方面，一是论点表述鲜明，不含糊，不模棱两可；二是有明显的倾向性。赞成什么，反对什么，爱憎分明，褒贬判然。例如，《反对党八股》开宗明义提出分析党八股的坏处在什么地方。我们也仿照八股文章的笔法来一个"八股，以毒攻毒，就叫八大罪状吧"，两句话，既鲜明地点明了文章议论的中心，也表明了作者反对党八股的鲜明态度，甚至连反对"八股"的笔法（来一个"八股"）也明确交代了。

生动性，是议论文语言的第三个特点。然而，生动性也并不是议论文语言所独有的特点。比如，文学作品就特别要求语言生动形象。但是两种文体所要求的生动性迥然不同，文学作品语言的生动性是为了塑造形象，再现活生生的现实生活，使读者产生身临其境的真切感受；议论文语言的生动性则是为了使论点更有说服力和感染力，例如，《反对党八股》一文中，把那种空话连篇、言之无物的长文章称为"懒婆娘的裹脚布，又长又臭"；用"看菜吃饭，量体裁衣"引出了结论："我们无论做什么事都要看情形办理，文章和演说也是这样。"把枯燥的语言说成是"语言无味，面目可憎，像个瘪三"；……总之，这篇文章的语言十分生动形象，活泼风趣，巧妙地引例设喻，恰当地运用俗语、成语并翻出新意，从而深入浅出地阐明了反对党八股的道理。如果教师在教学的过程中，能讲透生动的语言是怎样使说理更透彻，更能使人折服，那无疑会提高学生对议论文语言的领悟能力。①

第四，议论语言具有高度的概括性，这是议论文与记叙性文章的不同的一个显著特点。对于二者的区别，中学语文教材上有两个现成的例子可以说明：《思考的威力》中以农民科学家吴吉昌为例证的一段话，和《为了周总理的嘱托》中对吴吉昌事迹的记述。前者用吴吉昌的事例来论证“思考重要的道理”，服从说理的需要，故用语极其简要概括；后者报道吴吉昌的先进事迹和革命精神，有详细的叙述和描写，其区别是很明显的。

总之，在议论文教学中，把握议论语言的特色，通过语言的着力分析，展示论辩的逻辑力量，促使教学向纵深发展，可以达到使学生的思维得到训练，语言能力得到发展的良好教学效果。

应该指出的是，学生的思维训练不仅依赖教师富有特色的讲授，还在于通过各种灵活的教学方式。例如，有一位教师在进行《反对自由主义》一课的教学时，本着让学生在课堂上多活动、多练习、多思考，以培养学生辩证思维和逻辑思维能力为宗旨，采取“教师当导演，学生当演员”的办法，收到了有效地启发学生的思维的良好效果。

上述教法的意义不仅在于提供了一种可行的方法，而且还在于提供了一个思路：讲究方法，注重启发学生思维的积极性，能够收到知识训练和能力训练同时受益的双重教学效果。

二、教出美感，以美感启动思维

议论文教学最忌也最容易流于枯燥乏味。枯燥乏味的教学“面目可憎，像个瘪三”，让学生生厌，提不起学习的兴趣，严重影响教学效果。如果教师的教学富于美感，就会产生以美感激发学生的学习兴趣，开启思维的作用。议论文教学怎样才会产生美感呢？关键是在“以理服人”的同时，把文章蕴涵的美好的情感表达出来。因为议论文虽是以说理为主，但是文中的“理”，已经不是与作者孤立无缘的了，往往渗透着作者的

① 王昱华，徐洪岩．中学语文教学探索[M]．成都：电子科技大学出版社，2015.

主观感情。选入教材的议论文，不光是揭示了正确的道理，同时也表达了积极的感情，能够打动读者的心。如下的作法有借鉴意义：

对有关知识的介绍要有情感性、趣味性。进行议论文教学，有时需要介绍写作背景、作者，有时又需要介绍某一种文体知识（如杂文、评论），有时需要介绍一点有关的文章风格的知识，等等。如果在进行知识介绍时，少一点单调乏味，多一点新鲜有趣，无疑会活跃课堂气氛，提高学习的有效性。比如，介绍写作背景和作者，当然首先是为了知人论世，以便于“明理”，但是如果增加一点激发情感的因素，那效果就不大一样了。如教《最后一次讲演》，如果富有表情地渲染一下当时的情景，介绍一下闻一多先生的人格、气质，作品中那火山爆发般的激情，就更容易引起学生的共鸣。介绍《在马克思墓前的讲话》的写作背景时，穿插一两个生动反映马克思和恩格斯深厚的革命友谊的小故事，学生就会更加深切地体验到作者对马克思的无限敬仰和对马克思不幸逝世的无限悲痛。

通过声情并茂的“美读”，熏陶感染学生。所谓美读，就是方法得当的朗读，“就是把作者的感情在读的时候传达出来。这无非如孟子所说的‘以意递志’，设身处地，激昂处还它个激昂，委婉处还它个委婉，诸如此类”，“美读”把无声的文字变为有声的语言，把抽象的感情变为真实的感受，可以让学生毫无障碍地接受作品的感染和熏陶。

总之，当议论文教学不仅仅是以理服人，同时也在一定程度上以情感人，教学便会进入一种最佳境界，收到出奇制胜的效果。

第三节　说明文教学研究

说明是对事物的发生、发展、结果、特征、类别、构造、功能和事理的概念、内容、规律、性质、关系等进行解释、介绍、阐述的一种表达方式。说明文就是以说明为主要表达方式，用来介绍和说明事物、事理的文章，它的目的在于使读者对说明对象有较清晰、完整的了解。

就内容来看，说明文可以分为两类，一类是说明实体事物的说明文，一类是说明抽象事理的说明文。从语体特征来看，可分为实用性说明文和文艺性说明文两类。文艺性说明文是通过文艺的形式介绍科学知识的说明文，中学语文教材中所选的说明文大都属于这一类。

说明文是一种应用范围十分广泛的文体。课本中的生物、物理、化学、数学等，就是用这种文体写的；各种字典、辞典，各种介绍文字（如旅游、影剧、机器、用具、用品等）、百科全书等等，也是用这种文体写的。可以这么说，凡是宇宙间存在的事物、现象或者道理，只要是对人们有用处的，人们也是需要了解的，都可以用说明文写出来。随着现代科学技术的发展，说明文在日常生活和工作中的运用越来越广泛了。所以，说明文的教学也显得越来越重要。适应这一需要，经过修订的统编语文课本增大了说明文的比例，其内容涉及工业、农业、园林、建筑、化工、科技、自然、历史、生产、生活等许多方面，从不同的角度介绍了说明文的基础知识。然而，在实际的教学中，相对于记叙文、议论文的教学而言，说明文的教学还是一个较薄弱的环节。如何加强说明文的教学呢？涉及的问题是多方面的。在此，我们仅着重谈谈如下三个方面的问题。

一、抓住特征，深化认识

根据说明文的教学内容和教学要求，以及学生阅读说明文和学习写作说明文的实际，我们认为说明文教学首先要特别注重"抓住特征"，追求"认识升华"的教学效果。这有如下三个方面的要求。

（一）抓住说明文的文体特征

在学生的作文中，存在着这样一种普遍现象：有的学生想写说明文，结果却写成了记叙文或议论文。究其原因，主要是因为学生对这三大文体的特点差异不够了解。根据学生的这一实际，讲清说明文的文体特征也就成了进一步深化说明文教学的前提和基础。

说明文区别于记叙文、议论文的文体特征集中地表现在写作对象、写作的目的及语言表达方式（亦称语言体裁）等方面。一般说来，记叙文是叙事、记人、写景、状物的文章，主要运用叙述和描写的表达方式，通过作者对人、事、物、景的记叙和观感，达到以情感人的目的；它具有记叙的性质和特点。议论文则是提出问题、分析问题和解决问题的文章，它主要运用概念、判断、推理这三种思维形式来直接阐述自己的观点，达到以理服人的目的；具有议论的性质和特点。而说明文是一种解说事物、说明事理的文章，它主要运用说明的表达方式把自己掌握的知识和道理客观地告诉读者，达到以知授人的目的；具有说明的性质和特点。抓住了“说明的性质和特点”，以此为开端来展开整篇课文的教学，也就抓住了说明文的文体特征。[①]

需要指出的是，不能混淆了“说明”这种语言体裁与“说明文”这种文章体裁在概念上的区别。记叙文、议论文、说明文是文章的体裁，而叙述、描写、议论、说明、抒情等等语言表达方式，叫做语言的体裁，某一种文章体裁往往以某一种相应的语言体裁为主，但也不排斥其他语言体裁的辅助性使用。完全用“说明”这种语言体裁写的说明文是为数不多的。多数的说明文都是以“说明”为主，间有记叙、议论，甚至有描写和抒情的成分。如，《看云识天气》就采用了说明和描写结合的表达方式，根据天空中各种云的特点，展开丰富的联想，用“比喻”和“拟人”的手法，把自然现象人格化，把抽象道理具体化，通过描绘，形象地说明了天气变化同云层活动之间的联系，描写手法在这里的运用并没有将说明的性质改变为记叙，而是把事物解说得更清楚。再比如，《向沙漠进军》一文中有一整段的议论：“沙漠是可以征服的。在党中央和毛主席的领导下，我们有计划地向沙漠展开攻势，已经取得了若干成绩。……”这一段议论也同样没有改变说明的性质为议论，而是用议论进一步解说了征服沙漠的可能性和意义。然而由于说明文这种文章体裁常常采用多种语言体裁，往往容易使初学说明文的学生产生文体混淆。因此，在强调说明文以说明为主的特点时，清楚地解说其他表达方式对于说明的意义和作用，会有利于学生掌握说明文的文体特点。

（二）抓住被说明事物的特征

任何事物，都有各自的特征。所谓特征，就是这一事物区别于那一事物的征象、标志。抓住事物的特征来说明事物，是阅读说明文和学写说明文首要注意的。怎样抓住特征呢？首先必须了解事物的特征是从哪些方面、又是怎样表现出来的？一般来说，主要是从空间（大小）、时间（久暂）、状态（长短、方圆）、性质（硬软、冷热）、变化（动静、快慢）、成因（简单、复杂）、功用（广狭、正反）、标志（各种符号）等等方面，又往往是通过此事物与彼事物之间的关系比较（如以上括号内的提示）而反映出

---

① 刘鸿庥．中学语文教学概论[M]．贵阳：贵州人民出版社，1994.

来的。①

要介绍清楚事物，就需要从上述方面把握住它的特征；阅读说明文，也同样需要从上述方面把握住事物的特征，才能清楚地认识作者介绍的事物。例如，有的教师在教学《第比利斯的地下印刷所》时，引导学生分析印刷所的建造过程，让学生根据课文中的说明绘制印刷所的结构图，帮助学生认识各个部分的说明顺序和说明方法，理清了课文本身的条理，揭示了各部分之间的联系，使学生理解了本文按空间顺序说明事物，有条不紊介绍过程的写法，并对印刷所的特征有了感性的认识。但是，如果对这篇课文的教学仅仅只到弄清了印刷所的建造过程和结构为止，那么学生对这所有着深刻的革命历史意义的印刷所的认识，就只能停留在肤浅的感知阶段，对于印刷所的基本持征还是说不清。这种浅尝辄止的情况，在说明文教学中还普遍存在。

要让学生对事物的特征有很清楚的认识，教师就应该在学生获得了关于事物感性认识的基础上，不失时机地继续引导学生进一步思考，整理，把认识从对事物的外表特征（表面现象）的感知，升华为对事物深层次特征（内在联系）的理解把握。第比利斯印刷所，总的特征（深层特征）是“巧妙”二字，其中包括设计的“巧妙”，施工的“巧妙”，开展工作的“巧妙”等等这样一些内容。正因为“巧妙”，所以才收到了“秘密”的效果，才表现了当时革命斗争环境的艰苦和革命者斗争智慧的高超。在教学中，教师要引导学生从大量的现象中把“巧妙”这个词抽象出来、概括出来，并深入研究作者是如何说明“巧妙”二字的。引导学生从实质上对“巧妙”二字有了深刻的认识，才能充分揭示文章丰富的内涵，发挥其良好的教育作用。否则，就达不到预期的教学目的。

抓住特征，深化认识，是提高说明文教学水平的关键。例如，《故宫博物院》和《人民大会堂》都是介绍性的说明文，说明的都是规模巨大、气势宏伟的建筑群。同是壮观的建筑群，但它们又有各自不同的特征。人民大会堂，是我们社会主义国家各族人民共商国家大事的处所。它的建筑设计，处处体现了这一人民民主“政体”的特色。故宫是古代君王的活动中心，它的建筑设计则处处反映出封建帝王“唯我独尊”的特点。进行这两篇说明文教学，就不能仅仅停留在了解两个建筑的形状特征、结构

① 张鸿苓，张锐．中学语文教学[M]．北京：光明日报出版社，1987.

特征等外表现象，以及说明顺序、说明方法等文章特点上，还必须把学生的认识引向深入，使学生深刻地领会故宫博物院的建筑设计是如何体现封建帝王唯我独尊的特点的，人民大会堂的建筑设计又是如何体现了人民民主政体的特色的。学生对这座建筑物蕴涵的意义有了深刻的体会，也就把握住了被说明事物的本质特征。

总之，抓住特征进行说明文教学，要注意在充分感知外表特征的基础上，引导学生细琢精思，综合概括，推导联想，把杂乱的认识统一到一个纲上来，这是把说明文的教学引向纵深发展，达到加强学生思维训练，发展智力，培养能力的重要一环。

（三）抓住重点段落，突出主要特征

任何一篇说明文都有它的说明重点，事物的主要特征就是在重点部分展现的。为了把特征说清楚，作者往往运用多种说明方法，对其作详尽的说明。因此，把握住了重点段落，也就等于抓住了文章的关键。例如，《苏州园林》的第二自然段概括地说明了苏州园林的总特征——“游览者无论站在哪个点上，眼前总是一幅完美的图画”，以及体现这一总特征的四个“讲究”。然后，在第三自然段以后，再对这四个“讲究”进行具体的说明。如果教师紧紧抓住了第二自然段，帮助学生把注意力引向重点，在把握总特征的前提下，再去看对四个“讲究”的具体说明，那么，学生对苏州园林的认识站在较高的理性起点上，亦有助于领悟作者安排说明顺序的独具匠心。像《苏州园林》这样的说明文，只要抓住了关键段落，便能收到纲举目张的效果。

再如，《故宫博物院》对该建筑群反映封建帝王“唯我独尊”特征的介绍，全面而又有重点，为了使学生抓住重点进而领略全文，教师可以把教学的重心集中安排在介绍说明三大殿的自然段，让学生细细地揣摩，使其了解三大殿的概貌，建筑技术的特点，掌握列数据、打比方等说明方法和按空间方位说明事物的顺序。这样，学生就会由表及里，由浅入深，由把握建筑的外表特征，参悟到其“溥天之下，莫非王土；率土之滨，莫非王臣”的深层意蕴。对“唯我独尊”这一建筑特征，就会有印象深刻的体会。至于课文的其他部分，则通过出示挂图，或由老师介绍概况，或由学生按图口述，一笔带过。这样的教学，主次分明，重点突出，既大大缩短了教学的时间，又大大提高了教学效率。

二、抓住"一篇"，概括"一类"

选入中学课本的每一篇说明文，都能根据它们各自的特点，在整个教学系列中找到它们的同类（族系）。这一个特点明显地体现在单元教学安排中。例如初中《语文》第三册第四单元有《苏州园林》《中国石拱桥》《故宫博物院》《雄伟的人民大会堂》《凡尔赛宫》，这几篇课文都是介绍性说明文，而且介绍对象都是建筑，介绍的顺序都是按空间排列顺序，也就是说，这几篇文章除了具有各自的个性特征而外，还体现了"这一类"文章的某些共同特征（共性）。其他的说明文教学单元的安排亦然。

同此，每个单元都把各篇的共性，列为教学的重点，列为单元教学之纲，要求重点讲授，重点突破，反复训练，至使学生弄懂、掌握，这是至关重要的。但是仅注意于此，又是不够的。因为共性是依赖个性而存在的，没有个性也无所谓共性，它们是辩证的统一。如果合并了各篇中具有个性的东西，就说不上培养学生的阅读能力、分析能力、写作能力。所以，在教学中，既要举纲，又要张目；既要注意共性，又要注意个性。要引导学生通过"篇"的阅读，进而找到跨越篇的"类"，然后再把"篇"放到"类"中去更好地认识。这就是"由个别到一般再到个别"的认识方法。使学生通过对一篇课文的具体认识，上升到对一类课文的规律性认识，从而融会贯通，把知识转化为能力，达到触类旁通。①

在教学中，要达到抓住"一篇"，概括"一类"的教学高度，关键是要把"这一篇"讲透。要采取有效的方法，把"这一篇"的个性特色及寓于个性之中的一类文章的共性都能鲜明地突现出来，让学生切实能够领悟得到，把握得住。如下所介绍的一位教师教学《蜘蛛》一文的作法提供了一个很好的经验。

《蜘蛛》的文章结构严谨，语言明白生动，富有文采，因而颇具特色。如何讲授这一类型的说明文呢？这位老师在开始设计教学蓝图的时候，深入钻研了教材，决定采用比较法来进行教学。叶圣陶先生早就指出"比较"是一种易于发现特征的好方法，他说广阅读的方法不仅是机械地解释定义，记诵文句，研究文法修辞的法则，最要学的还在多比较，多归

---

① 黄秀萍．初中语文景物描写教学的策略[J]．广西教育，2020(41)：100-101.

纳,多揣摩,多体会,一字一句都不要轻轻放过,务必发现它的特征。

在教授《蜘蛛》这篇文章前,这位教师将该文与《向沙漠进军》一文进行鉴别性比较,认真揣摩两文的写作特点,体会到两文虽同属说明文,但在写作风格上存有差异。概言之,《向沙漠进军》主要用说明的方法揭示事物的特征和本质,语言准确而平实,具有严密的科学性,属于科学性说明文;而《蜘蛛》除说明的方法外,还兼用了描写和记叙的表达方法,使被介绍的事物带有形象性,因而具有文艺性,如文章以"天气暖起来,蜘蛛又出来在檐前做网"这样的描写性语句落笔,继而引用一则充满生活情趣的谜语点题,然后再生动细致地描绘蜘蛛捕捉各种"飞来将"的情状和过程,写来生动毕现,别具情味。这种富有文艺笔法的说明文属于文艺性说明文,也叫科学小品。它的特征就在于富有文艺性,因此,如何突出这个"文艺性",便是该文教学重点所在。据此,他归纳出该文的教学原则是:①本文第一段(前三个自然段)集中体现了"文艺性"的特色,应列为教学重点;②宜将本文与另一篇科学性说明文相比较,从差异中显现本文特色。为使比较的效果更强烈,他将初二学生已学过的《生物学》课本中关于蜘蛛一节的内容,酌加删改,再仿照课文的结构层次,整理重编,改写成一篇与课文内容相同,结构相似而风格各异的科学性说明文,上课前印发给学生。用作比较的范文如下。

蜘蛛

园蛛是最常见的一类蜘蛛。它通常在屋檐、墙角等处张网,捕食昆虫。如果有昆虫粘在网上,它就用螯肢刺破昆虫的身体,注入毒液,使它麻痹,再分泌消化液,将昆虫体内的组织溶解,成为能够吸食的液体食物。

园蛛的腹部后端有三对突起,叫做纺绩器。纺绩器上有许多纺绩管,与体内的丝腺相通。丝腺能够分泌透明的液体,由纺绩管上的小孔流出来,一遇到空气就凝结成蛛丝,园蛛就是用这些蛛丝来结网,结网是园蛛的一种本能。

蜘蛛捕食的昆虫大多是害虫。例如,农田中的蜘蛛能够捕食稻飞虱、稻叶蝉等农业害虫。这样,可大大降低农田农药的施用量,减少农药对环境的污染。所以,蜘蛛是对人有益的动物。

我国已经发现的蜘蛛大约有一千多种。结网蜘蛛如园蛛,用蛛网来捕获昆虫。不结网的蜘蛛,如狼蛛、跳蛛、蟹蛛等都是游猎捕食。

在教学中,这位教师注意将课文与自己编写的这篇同名科学性说明文进行比较,突现了课文的特色。在比较时,他注意以课文为主体,即在吃透课文的前提下进行比较,防止了平均用力或喧宾夺主。

在分析课文时,他在第一段(包括课文前三个自然段)多下功夫,第一段是介绍蜘蛛捕食方法的。其中的第一自然段用一则谜语概括点明蜘蛛放丝结网捕取食物的生态特征,第二、三自然段则具体介绍蜘蛛捕飞虫的几种方法,是按捕虫“由易到难”的顺序逐一介绍的。教学这一段时,他抓住“文艺性”这个纲,采用了“朗读—提问—分析—比较—归纳”的教学程序,使学生明确:课文第一段介绍蜘蛛的捕食方法,采用了比喻、拟人等修辞手法,并使用了不少修饰性词语,即运用了描写和记叙的表达方式。这样写,使文章具有形象性,富有趣味性,而这恰恰是科学性说明文所不具备的。

课文的后面三段(第四至第七自然段)分别介绍了蛛体结构、蛛丝用途和蜘蛛种类,与上述科学性说明文一样,主要采用了直接说明的方法,不是教学重点。这位教师就采取了略讲的方式,通过简略比较、总结段意、提问等方式,让学生了解掌握课文的内容,没有花大力气进行太多的分析。

最后,他结合板书,理清该文脉络,点明说明文“言之有序”的结构特点。同时,归结写作特色,指出该文采用了说明、描写与记叙相结合的表达方式,说明中见文采,平实处显波澜。这种富有文艺笔法的说明文,叫做文艺性说明文,也叫科学小品。

就这样,这位教师通过比较的方法,生动活泼地进行教学,使学生既掌握了“这一篇”课文的内容,体味了该文的特色(个性),又掌握了文艺性说明文“这一类”课文的总体特征和写作规律,并弄清了文艺性说明文与科学性说明文的“同中之异”,成功地取得了“抓住一篇,概括一类”的教学效果。

第四节　应用文教学研究

一、适应社会需要,重视应用文教学

从中学生掌握应用文的情况来看,并未达到《大纲》的要求,令人忧虑。仅从下面的几份调查中就可见一斑。

金华市1986年中考语文试题要求学生写一份电报稿，结果有大半考生不合要求，有的考生竟写了81个字的电文。1987年的应用文考试题是“征稿启事”，满分为5分，抽样调查190人，平均得分为1.01分，难度值为0.288。对初中学过的“通讯”这一形式进行考试，满分为10分，抽样197人，平均得分只有4.873分。

上海的一个郊县，1987年初三毕业考试，要求学生拟写一份申请书，结果全县5600多名考生完全符合要求的不足6%。1987年该县一所重点中学高二年级的期中考试，要求学生修改一份不合要求的入团申请书，结果269名学生得分率仅24%，完全符合要求的一个也没有，之后要求该年级拟写一封信(包括信封)，符合要求的不足5%。①

上面两个调查都在经济文化发达地区做的，其结果尚且如此，何况文化落后地区呢？初中毕业生不会写信、打电报、作记录是很常见的事，至于订计划，写调查报告，写总结，对初中生来说更是不知从何下手，可以说一名初中毕业生很难应付工作中的应用文写作，很难满足社会主义经济建设的要求。

值得注意的是应用文写作存在的最大问题是格式(包括各类应用文的内容要求)不合要求。如写信的称呼不对，信封的写法不正确。苏步青教授谈到一件事，许多青年写信给他，尊称他为“苏老”，但信封上却只写“苏步青收”，不知道写上“同志”或“先生”。他自己的孙子给他写信，信封上竟然是“苏步青爷爷”的称呼。笔者曾参加1989年上海市成人高考的阅卷工作，当年的作文题是写一份招聘启事和应聘书，结果许多人将应聘书写成与征婚广告内容差不多的东西，令人啼笑皆非。这不能不引起我们的思考。格式问题是一个死的东西，是需要记忆的，它的掌握与否与学生的智力无关，而主要看老师是否认真教过这些文体知识，学生是否接触过这些文体，并经过足够的练习。然而，令人遗憾的是，中学里很少开展应用文教学，究其原因，有以下几点：

教与学双方对应用文都不够重视。教师忽视应用文教学是主要原因。应用文不是中学教学中的重点和难点，许多教师认为应用文简单好教，有一定程度的轻视。更重要的是升学率这根指挥棒的作用。升学考试中一般不出现有关应用文的题目，即使出现，分数也很少(1993年高考作文是写广播稿，有点出乎教师的意料)。因此教师一般都把时间、精

---

① 刘鸿庥．中学语文教学概论[M]．贵阳：贵州人民出版社，1994.

力放在记叙文、议论文、说明文的教学上，主要解决考试要考的重点，对应用文少讲甚至不讲，片面地追求升学率，而没有看到应用文写作能力的具备对大多数中学生的重要作用，没有意识到应用文在未来的社会主义经济建设中的广泛用途，由于在高一级的学校的学习中，应用文的使用不是很多，学生掌握应用文的程度不会迅速反馈到原来学校的教学中，大多数学生总是在跨入社会后，在工作实践中暴露出应用文写作上的弱点，而这时的信息就很难反馈到中学里，很难对中学教学实践产生促动。

教师对应用文的忽视，也影响到学生。由于训练少，学生们就会认为应用文不重要，没有意识到这是一个合格劳动者应具备的知识和技能。因而不会主动地去学习应用文，课内很少接触应用文，课外也不会注意报纸杂志上的各类应用文章，不会有意识地培养自己的应用文写作能力。

现行教材存在着许多的问题。1988 年修订后的教材较以前加重了应用文的训练，特别是初中教材中对应用文有一套完整的系统训练，这无疑是一种进步。但总的来说，应用文教材存在着分散、量少、过时的弱点。

整个高中阶段仅第五册有两个应用文单元，初中是应用文训练的主要阶段，初中教材中的应用文训练较为集中，但一般也是两个单元才有一次训练，且多是放在课后的小作文练习上。这种片断练习显然是不够的，更何况这种练习是否放入了教师的教学计划中都很成问题，有些教师根本不上小作文课。就现行教材要求掌握的二十几类应用文来看，主要偏重于生活类应用文，如日记、书信、电报、启事等等。而与经济建设密切相关的应用文如广告、合同等，基本上没有触及，远不能满足我国社会主义市场经济发展的需要。

至于应用文体的课文安排就更少了，整个中学语文课文注重文学性，少实用性，课文基本按记叙文、说明文、议论文三类文体安排，几乎没有应用文体的课文。对初中生来说较难掌握的广播稿、调查报告、建议书、总结等各类应用文，没有教材作为优秀的范文供学生模仿，仅就现有的几篇应用文体教材来看，多数年代较早，课文内容和现实生活相差太远，如《为了六十一个阶级兄弟》（通讯）、《给青年的一封信》（书信）、《人民解放军百万大军横渡长江》（新闻）等。这些课文内容上、文字上都很符合要求，但离现实生活较远，很难引起中学生们的兴趣，而富有时代气息的课文如《飞向太平洋》(通讯)则太少了。①

实际教学中，学生没有足够的训练来掌握巩固所学的应用文知识。表面上看应用文教学的主要内容是格式，比较单纯，并不很难，很多教师认为应用文不重要，基本上不上应用文课。他们把主要的精力放在记叙文、议论文的教学和写作上，希望通过学生文字能力的提高，能附带地使学生自行解决应用文。事实上，应用文的问题并没有附带解决。据一份资料介绍："32 名回乡初高中生能写借条等一类的仅 6 人，约占总数的 17%；会写通知、启事、证明等类的专用书信的仅 8 人，约占总数的 25%；52 名在校高二学生能以简明文字拟写电报稿的竟一个也没有。"事实证明必须在语文教学中给应用文以一席之地，必须进行专门的应用文教学。

教学方法死板，没有把应用文和其它知识的学习有效地结合起来，学生感到应用文枯燥无味，没有兴趣学习，是中学应用文教学效果差的又一个重要原因。目前应用文教学还是停留在简单讲一下"应用文练习"中的有关知识，然后进行写作练习的阶段，教学方法单一。没有优秀的范文讲读，没有对应用文使用的意义的强调，学生接触到的应用文只是一些干巴巴的条条，只是照着条条练习，而没有真正和现实生活实际要求联系起来，课堂上学完、课堂上就忘，不能实现知识的迁移。

上面几点分析是相互影响的，主要是思想的不重视，教育思想的不正确导致教材编排、教学实际中对应用文的轻视和忽略。而这种轻视和忽略的气氛使得教师安于应用文教学现状，不去认真钻研教材，钻研应用文教学规律，解决教学中存在的问题。应用文教学死气沉沉，没有出现议论文、记叙文教学中那种众彩纷呈的局面。

二、根据应用文的特点，突出两个重点

(一)格式

应用文有特殊的固定格式，在长期使用过程中，逐渐定型化。有些已被规定为程式化的格式。说来这是个死的东西，是很简单的问题。正

① 王昱华，徐洪岩．中学语文教学探索[M]．成都：电子科技大学出版社，2015.

因为简单,教学中容易疏忽,造成错误。从下面一篇习作便可说明问题。

感谢信

××中学初二(3)班汪政波同学:

上学期学期考试期间。在元月17日的中午,我吃了午饭,来到学校准备参加下午的历史考试。我来到操场上,在那里复习历史。当我走的时候,不慎把带来的两支钢笔掉在了操场的草地上。当我发现钢笔不见时,就马上回去寻找。结果那两支钢笔已不知去向。我满以为那两支钢笔是不可能取回的了。然而考试即将开始的时候,初二(3)班的汪政波同学就来到了我们的教室门口,又把我遗失的两支钢笔还给了我。汪政波同学这种崇高的助人为乐的精神和行动,使我无限感激。特此向汪政波同学表示衷心的感谢!

致

敬礼!

××中学初二(2)班

×××

2021年4月1日

这封感谢信的格式、内容基本符合要求,教师批改时指出其中存在的如感谢信写得不及时等一些问题。但有一个重要的格式错误被忽略了。从信的抬头来看,是写给个人的感谢信,而在信中却两次直呼被感谢者,又像是在和第三者谈起,前后不一致,也显得极为不礼貌。类似的小问题还有很多,如写信的称呼不对,敬语的位置不对,信封上的称呼不对,“××爸爸”“××妈妈”已司空见惯了。

格式虽是个简单的东西,但并不是一学就会,一套就能行的,所以问题也最多。而格式恰恰又是应用文最重要的标志。格式是长期实践过程中约定俗成的,没有格式就没有应用文的严肃性和约束力,丧失其交际的作用。因此必须让学生牢牢掌握固定的格式和写法。教学中要专门强调,并反复练习,严格纠正格式上的错误,只要学生思想上重视了,一般是容易掌握的。

(二)语体风格

语体风格与写法有关。应用文通常采用“直陈其事”的写法。这种写法,一是要凭借事实,让事实说话;二是要交代事实本身,必须掌握要点，来龙去脉一目了然；三是据事分析，据事推断，有理有据，足以服人。这种写法，要求直截了当，干净利落，简单明了，要言不繁。这种写法决定应用文要求语言准确、简洁，层次清楚，合乎逻辑，一般采用叙述体。对初中生来说，要准确把握应用文语体风格却比较困难。他们常常将描写、对话等多种手法放入应用文中，没有体现出应用文语体风格。如一个同学在一封感谢信中，写自己遗失了东西之后，“心里呼呼地跳个不停，害怕极了”，这时，××同学来到我身边说：“姐姐，这是不是你的钱？”我说：“是的她把钱拿给了我。”她的同班同学又是这样描写失而复得的经过：

正在这时，传来“小惠，你在干什么？”的声音。“哦，石叔叔，我在这儿找钥匙。”“你看是不是这个？”“我抬头一看，“咦，是的，就是这个，你在哪捡到的？”“哦，是我刚才经过这儿时捡得的。”“谢谢你，石叔叔。”“没什么。”

这样一大段对话与感谢信语体风格不符，而且也很啰嗦，如果用几句话简单叙述一下过程，就符合应用文简洁、准确的语言要求了。

第七章　中学语文中的文学作品教学研究

文学作品在语文教材中占有相当大的比重，在语文教学中发挥着重要的作用。阅读文学作品包含理解和鉴赏两个过程和层次。理解指弄清文学作品的基本内容，这一点跟前面所说的各种常用文体的教学要求是一致的。鉴赏指鉴别和欣赏文学作品的语言、写作方法、篇章结构的表现力量，鉴别和欣赏它的思想感情和主题的社会意义，并对这一切作出恰当的评价。“课标”指出：能初步理解、鉴赏文学作品，受到高尚情操与趣味的熏陶，发展个性，丰富自己的精神世界，能够区分写实作品与虚构作品，了解诗歌、散文、小说、戏剧等文学样式。

第一节　诗歌教学研究

一、诗歌文体

诗歌是世界上最古老、最原始的文学形式之一，它在千百年前就被人们用于情绪表达，心灵描绘。句子的简约与表意的便捷使得诗歌成为人类表情达意最早选择的文学样式。

“诗者，感其况而述其心，发乎情而施乎艺也。”诗人以情为本，以辞为表，或是将自己的人生浓缩于寥寥数词，或是将思维的激荡充斥于文字之间，或是矢志功名，寄情文字，或是壮思即发，放歌天地，或是情感喷薄，或是工于言辞……西方有歌颂暴力美学与英雄主义的诗歌《伊利亚特》,而我国有诗歌之滥觞,采撷俗世人情、历史事迹的第一部诗歌总集《诗经》,皆年深日久,风雅犹存。

《诗品序》中有载:"气之动物,物之感人,故摇荡性情,行诸舞咏。照烛三才,晖丽万有,灵祇待之以致飨,幽微藉之以昭告,动天地,感鬼神,莫近于诗。"由此可见,诗歌源起于上古时期的社会生活,人们因宗教、劳作、情恋等原因载情于文,从而产生了一种有韵律、富有感情色彩的语言形式。《礼记·乐记》:"诗,言其志也;歌,咏其声也;舞,动其容也。三者本于心,然后乐器从之。"早期,诗、歌与乐、舞是合为一体的。诗即歌词,在实际表演中总是配合音乐、舞蹈来展示,后来诗、歌、乐、舞各自发展,独立成体,不合乐的称为诗,合乐的称为歌,后世将两者统称为诗歌。

中国的诗歌文化历史悠久。《沧浪诗话》中有载:"《风》《雅》《颂》既亡,一变而为《离骚》,再变而为西汉五言,三变而为歌行杂体,四变而为沈、宋律诗。五言起于李陵、苏武(或云枚乘),七言起于汉武《柏梁》,四言起于汉楚王傅韦孟,六言起于汉司农谷永,三言起于晋夏侯湛,九言起于高贵乡公。"由此可见中国诗歌大致的起承之变。其经历《诗经》《楚辞》、汉赋、汉乐府诗、建安诗歌、魏晋南北朝民歌、唐诗、宋词、元曲、明清诗歌、现代诗的发展历程,几经变革,接受了时间的润色,记录了千年文化的缩影,是我国文化传承和历史溯源的珍宝。①

二、诗歌教学的内容、目标与重难点

(一)诗歌教学目标及重点

1. 诗歌教学目标

根据中学语文教学的总目标,中学语文诗歌的教学目标主要根据诗歌自身特点、语文课程标准的相关内容以及学生的实际学习情况来确定,其中课程标准是最重要的依据。

我国教师在进行诗歌教学时多强调诵读和背诵,将积累作为学习的基本任务。小学阶段学生诗歌学习的重点是体验和感受,而其关键就在于积累。该阶段已经跨越了幼儿时期只识其文不解其意的阶段,进入了

① 贺卫东. 中学语文教学案例研究[M]. 西安:陕西师范大学出版总社,2019.

更高层次的情感体验和阅读感知阶段。初中阶段的教学则会进一步补充与课程相关的文学常识，帮助学生了解一些文体、文化常识，熟悉常用的表达方式和修辞手法，使学生可以逐步形成诗歌欣赏能力（欣赏典型的形象特点和鲜明的语言特征以及常见的表达技巧）和评价能力（评价语言材料的思想内容和作者的态度情感）。而在高中阶段，学生理解、联想、想象等能力都有了一定的发展，诗歌教学的比重也就大大增加。诗歌教学形成了一定的教学框架，而不是作为附录缀于其他文本之后，并且有单独的诗歌教学选修教材供师生学习，其重要性可见一斑。所以对诗歌的教学要求也就更高一层，高中阶段的诗歌教学要求学生在“积累和整合、感受和鉴赏、思考和感悟、应用和拓展、发现和探究”五个方面获得发展。诗歌必修课程突出课程的基础性和均衡性，主要培养学生的阅读和诗歌鉴赏能力。所以在进行高中诗歌教学时应关注学生的能力提升而非仅仅着眼于当下文本。

2. 教学重点

子曰：“小子，何莫学夫《诗》？《诗》可以兴，可以观，可以群，可以怨；迩之事父，远之事君；多识于鸟兽草木之名。”这充分说明了诗歌的重要地位。所以教师引导学生学习时要抓住以下几个要点。

第一，学习诗歌首要之处在于“品”。“品”字三“口”正说明学生对诗歌的理解不是一步到位的。依据教学目标，诗歌教学重点在于积累、鉴赏与感悟，所以学生在课前应该对文本内容有一定的了解。而且，诗词寄予了诗人的思想与情感，有些诗词的写作背景也与学生的生活经验有相当大的距离，课堂上有限的时间，学生很难把握诗歌的完整内容。

第二，体味诗歌情感。教师在进行教学的过程中，要注重学生对诗人所要表达情感的感知，同时结合学生的学习能力以及知识积累进行诗歌的教学。教授诗歌的过程中，在学生对字面含义已经毫无异议且了解写作背景以及诗人个人特点之后，教学的深度就应更进一步了，应把目光从字斟句酌转移到对诗歌更深层次的情感的感受，同时在这个过程中教会学生获得自身独特的情感体验。

第三，熟读成诵，品味语言，体味抒情性和音乐性。诗歌因其独特的创作特点在教学中和朗诵是分不开的。诗歌的美感与音律也难以分割，节奏和韵律是诗的生命。诗歌中的语音有规律的停顿形成节奏，语言的声韵按一定规律组合产生了韵律。节奏和韵律跟诗人的主观感情达到一致，就产生了回环往复、一咏三叹的艺术效果。古人云：凡有文藻，即须明声韵。郭沫若在《论节奏》中也指出："我们可以说没有诗是没有节奏的，没有节奏的便不是诗。"诗歌的最高境界就在选择富于暗示性或象征性的声音节奏，借以表达诗歌的情感内容。诗人往往在声律上做到音节交错、随情易声，使音韵和意义、情味在诵读中交融，所以朗读吟诵显然是诗歌教学中不可缺少的一部分。在教学过程中，教师可借助符合诗歌情景的音乐，让学生进入诗歌的情境，触摸诗人的心境。

第四，抓住重点词语，理解文意。诗歌与文章相比，寥寥数字，更显情感的凝练，是诗人斟酌所得。但如果一字一句地逐一讲解，反而会让诗歌变得死板，失去魅力。教师不应过多地讲解、一味追求标准答案，而是应当鼓励学生多点个性化的理解，把握中心，体味诗情。有时"诗眼"就在题目之中，有时则隐藏在诗作的某一句之中。比如李清照《醉花阴》一词中，"薄雾浓云愁永昼"一句中的"愁"字便是这首词情感理解的抓手。再结合当时词人的创作背景，可以了解到词人的丈夫远游在外，而词人在重阳佳节独自饮酒，学生就能比较明确地体会词人那种无法排遣的寂寞和对丈夫的思念之情了。

第五，理解艺术特点、鉴赏表达技巧。表达技巧指诗人在塑造形象、创设意境时采用的一切方法、技巧和手段，也叫表现手法。既包括具体的修辞手法，更包括诸如渲染、描写、想象、用典、映衬、象征、虚笔等各种表现技法。表达方式通常指记叙、描写、议论、抒情、说明五种常用的表达方式。诗歌教学在要求学生领会文意，体味诗情的同时，也要发展学生对美的感受力、鉴赏力和创造力，帮助学生了解诗人高超的写作技巧，领悟作品的艺术性，培养学生的学习兴趣，提高其理论修养。

(二)诗歌教学难点

1. 感受形象，领会意境

学生由于知识储备和人生经验相对缺少，因此在理解诗歌所塑造的凝聚了诗人复杂情感的意象时具有较大的难度。他们一般都能够形成一般的理解，把握基本的情感，但是在感受人和物的形象方面就需要教师更多的引导。首先应了解诗歌形象的含义和分类。诗歌形象就是诗歌中创造出来的寄托作者情感的艺术形象，主要包括人物形象和景物形象。分析人物形象时注意诗人的描写手法，概括出人物的特点，对于诗人自身的分析要注意结合作者的处境和写作背景，也就是“知人论世”。鉴赏诗歌，一般要联系其写作背景，才能从深层次准确而非牵强附会地把握主题。分析景物形象时，要对常见意象有一定的积累，比如古典诗歌中表达忧郁、悲伤心情的意象有梧桐、芭蕉、流水、杜鹃、猿猴等等；表达离别思念、依依不舍之情的有杨柳、长亭、酒等等。这就需要教师在教学过程中重点总结，并在学生的脑海中形成一定的印象。使学生在赏析的过程中学会分析景物意境，能够重点把握触景生情、移情入景的诗歌意境构成模式，从诗人的角度体味诗情。①

2. 联想想象，对接体验

诗歌为读者创造了另一个可供徜徉的世界。在教学中，教师一般会引导学生循着诗歌所创造的意境及勾勒的形象去想象，将自己平时的情感经验做样本，与诗歌中的情感进行对接、感受、理解、比较，从而产生共鸣，使诗作中的感情体验变为自己的情感内存，这样有利于学生融入诗境，品悟诗中情感。比如在进行古诗《行路难》教学时，教师可以先放一些相关图片，再让学生结合自己生活中登山的经历，描绘景象。然后让学生默读一遍，想象诗人所描绘的画面：山峰相连、高耸入云、重峦叠嶂，看到那山那路就没有前进的信心，不禁感叹连连，但又没有止步于此，情感峰回路转，又有了希望和豪情。在学生进行了这一番联想之后，抓住时机进行朗诵，便能对诗作产生更全面、更深刻的体味。再比如在进行《再别康桥》的教学时，教师可以让学生循着文字的描写，跟随诗人一起撑着长篙，向青草更青处漫溯，看河畔的金柳，同西天的云彩作别，这样学生更能体会到诗人对母校的留恋之情。

三、诗歌教学方法

（一）解题法

有时“诗眼”就在题目之中，有时则隐藏在诗作的某一句之中。题目

① 朱正茂．中学语文感悟式教学法的探索与实践[M]．芜湖：安徽师范大学出版社，2020.

大多是文章的概括，通过题目的暗示，我们有时不仅可以推测内容，还能把握情感。比如《乡愁》一诗，我们可以从题目感知这是一首诗人抒发对故土思念之情的作品，再比如《咏怀古迹(其三)》，从题目可以解读出这是一首借古讽今或借古喻今的怀古诗。当然“诗眼”也不全是在题目中，比如我们上文提到的《醉花阴》一词的词眼就在其词文之中。这样的教学方式，注重培养学生信息搜集和分析的能力。锻炼了学生的思维，同时又加深了其对诗歌意境的理解和对诗歌整体感情基调的把握。

(二)诵读法

诗歌教学离不开诵读，它是课堂教学的有机组成，是加深文本理解的必经途径，也是培养表达能力的必要手段。以诵读为突破口既由诗歌本身的特点决定，也是教学实际的需要。但在进行诗歌教学时，教师应当明确一点，诵读不是机械地读，也不是无目的地读，它应该具有层次，是注重技巧、注重情感体会，是融入读者理解地读。从这一点上来说，诗歌并不适合大范围的齐读和目的不明确的诵读，而更多的应该采用学生的揣摩读、体悟读，和教师、学生的示范读、比较读。朱熹曾说：“读书有三到，谓心到、眼到、口到。心不在此，则眼不看仔细，心眼既不专一，却只慢朗诵读，决不能记，记亦不能久也。三到之中，心到最急。心既到矣，眼口岂不到乎?”这确实是经验之谈。

(三)比较法

在诗歌发展史上，每一首诗都不是孤立存在的。诗歌分属不同的风格或派别皆因为诗歌的创作者不同以及时代的变迁，但即便是处于相同时代的诗歌和出自一个诗人之手但创作于不同时期的诗歌也有着差别，而这些差别就使我们在教学中产生了新的思路，从这些不同的角度，学生和教师可以共同绘就一个立体的时代。因此在教学过程中不能总是孤立地进行教学，要尽量进行类比迁移、加强比较，通过比较，寻找相似点、共同性，体会差异性、多样化。以此来使学生对诗歌的鉴赏方法融会贯通，全面提高学生的欣赏水平和文学修养。①

---

① 刘永康，翟启明．中学语文教学论[M]．成都：天地出版社，2001．

(四)点拨法

汉代的《毛诗序》在论及诗歌抒情言志的特点时写道:“诗者,志之所之地,在心为志,发言为诗。”一首短诗,可讲的不过一二处,面面俱到地讲,反而会淹没重点,使学生不知所云;把可讲之处讲清楚了,学生学会动脑筋自己思考,才有了确实的收获,学诗的兴趣才能增浓。所以在教学过程中应着重讲一两个可以提挈全诗的词或一两句高度凝聚诗文思想的句子。如《登高》,可以着重讲“无边落木萧萧下,不尽长江滚滚来”一句,以此深入理解作者的复杂情感。再比如讲《锦瑟》时,很多老师就选择了先讲完最后一联,再进行其他联的分析,就是为了让学生在对诗词情感有一定理解之后再深入挖掘作者内心。适当讲解诗词的句法特点也是点拨学生鉴赏诗歌的方法之一。例如《游山西村》的颔联“山重水复疑无路,柳暗花明又一村”是所谓“流水对”。跟一般的对仗不一样,这种诗句一气呵成,出句和对句须和解,这样的讲解更有助于学生们理解诗情。

第二节　小说教学研究

一、小说的概念与特征

(一)小说的概念

关于小说的概念,历来争议颇多,迄无共识。“小说”一词最早见于《庄子·外物》:“夫揭竿累,趣灌渎,守鲵鲋,其于得大鱼难矣;饰小说以干县令,其于大达亦远矣。”“县”乃古“悬”字,高也;“令”,“美”也,“干”追求。就是说举着细小的钓竿钓绳,奔走于灌溉用的沟渠之间,只能钓到小鱼,而想获得大鱼就难了,许多学人策士为说服王侯接受其思想学说,往往设譬取喻,征引史事,巧借神话,多用寓言,以便修饰言说以增强文章效果。庄子认为此皆微不足道,故谓之“小说”,即“琐碎之言,非道术所在”。“潜识小道”,也就是琐碎浅薄的言论与小道理之意,正是小说之为小说的本来含义。并且这一概念延续的时间也最长,至少到清代末年,不少文人还按照这种观念来做着“小说”。迄今为止,图书馆编目所称的子部小说仍然使用这一概念。它与后来人们所说的“小说”文体并不是同一所指,所以鲁迅对此认为,“然案其实际,乃谓琐屑之言,非道术之所在。与后来小说固不同”。至少到北宋,小说还不是一个文体学概念,人们定义定位小说都不是从文艺学而是从文化学角度出发的。①

从文学角度来看,小说是指一种文学体裁,是四大文学体裁之一。其概念是作者对社会生活进行艺术概括,通过叙述人的语言来描绘生活事件,塑造人物形象,展开作品主题,表达作者思想感情,从而艺术地反映和表现社会生活的一种文学体裁。

(二)小说的基本特征

1. 虚构性

虚构是小说的本质特征,王蒙在总结了他的小说创作经验之后,对小说文体的特征做了一些精辟的阐述。他这样写道:“小说是虚拟的生活。‘虚’就是虚构,‘拟’就是模拟,模拟生活。”任何小说都是具有一定长度的虚构性叙事,小说本质上不是真实生活事件的展演,而仅是关联到生活的虚构性故事,虚构性是小说的基本特征。它的人物是虚构的,不是生活中的真人;它的情节是虚构的,不是生活中的真事;它的背景也可能是虚构的,世上没有哪个地方与之完全一致。譬如阿Q、孙悟空、九九八十一难、大观园、未庄、伏盖公寓等。有些小说尤其是历史小说,譬如《三国演义》和意大利乔万尼奥里的《斯巴达克斯》,采用了真实的人名或地名,但这不能否定历史小说本身的虚构性。小说的目的不是实录,不是还原生活或历史,而是更高地观照、解释、引导生活,所以小说必须超越生活、概括生活、选择生活,对生活进行提纯,展开想象,表达理想。据此小说不可能复制生活,而必须走向虚构。虚构给了艺术想象以广阔的空间,也给了作家表达应然性图景的机会和表达生活感受的更高的自由度,所以虚构也是小说魅力的表现之一。②

---

① 贺卫东. 中学语文教学案例研究[M]. 西安:陕西师范大学出版总社,2019.

② 高培全. 中学语文教学探析[M]. 西安:陕西人民出版社,2005.

2. 情节性

考察中外文学史，了解小说的萌芽、发展到成熟的过程，例如我国小说萌芽于神话传说和史传文学，从魏晋南北朝的志人志怪小说发展到唐人传奇、宋元话本，而到明清小说臻于成熟，故事始终是各类形态的小说的基本骨骼。由此可见，故事情节是小说文体最基本的特征之一。

鲁迅先生早就指出："而这谈论故事，正就是小说的起源。"由此可见，故事性是小说文体不可或缺的最高要素，每个小说都具有一定的故事情节，通过这些情节来塑造一定的人物形象，反映一定的社会现实。

3. 纯粹性

纯文学中的小说体裁讲究纯粹性。"谎言去尽之谓纯。"（出自墨人钢《就是》创刊题词）便是所谓的"纯"。也就是说，小说在构思及写作的过程中能去尽政治谎言、道德谎言、商业谎言、维护阶级权贵谎言、愚民谎言等等，使呈现出来的小说成品具备纯粹的艺术性。小说的纯粹性是阅读者最重要的审美期待之一。随着时代的发展，不光是小说，整个文学的纯粹性越来越成为整个世界文学审美的一个重要核心。

（三）小说的文体特征

小说的主要特征通过人物、情节和环境这三个要素体现出来。

1. 鲜明生动的人物形象

小说的基本目的是塑造人物形象。小说家对于生活的反映和解释，是通过典型、突出的人物形象的塑造来完成的，人物形象是小说的主要要素。因此，分析人物形象，揭示人物性格，应该成为小说教学的主要内容。

2. 张弛有序的故事情节

情节，是小说展示人物性格、表现人物之间相互关系的一系列事件的发展过程。情节发展的内在动力是不同思想性格的人物之间的矛盾冲突，矛盾冲突的发生、发展和解决过程构成一系列事件，反映在小说作品中便成了情节。

3. 真实典型的环境描写

典型环境是小说中不可或缺的重要组成部分，通常包括自然环境与社会环境两类。它不但提供人物活动的场所和故事发生的空间，而且表现出时代风貌、社会制度、阶级状况、人与人之间的关系。因此在小说教学过程中，环境分析往往具有不可忽视的作用。

二、小说教学的重点与难点

（一）小说教学的重点

1. 梳理情节，概括文章内容

这是由小说的文体特征决定的。小说具有故事性、情节性，小说中典型人物性格的形成、发展是通过人物间的复杂关系以及矛盾显露出来，可以说是通过情节表现出来的。因此，小说教学必须要重视分析故事情节。

2. 分析鉴赏人物

小说是以塑造人物形象为核心，小说是通过塑造一定的典型形象来反映一定的社会现实，因此对人物分析是小说教学必不可少的内容。另外，通过分析鉴赏人物形象，不仅能够深刻透彻地理解小说中的人物性格，更有利于探究小说的主题。

3. 探究环境描写

环境是人物活动和故事发生发展的场所。特定的人物总是在特定的环境中成长起来的，所以对小说环境描写的分析，也是理解人物形象的一个重要方面。小说创作中社会环境和自然环境的描写，其深刻意义在于回忆历史、反思现实。成功的描写最能展现作者的语言运用能力，具有重要的示范作用。因此对环境描写的分析也是小说教学中的重点之一。[①]

---

① 郑勇．中学语文教学论析[M]．北京：中国书籍出版社，2016.

(二)小说教学的难点

1. 挖掘细节的意义

细节是小说刻画人物的生命所在,细节最能反映人物心理,细节之中见精神,但细节中的内涵和意义确实要有一定的艺术眼光和审美能力才能发掘,这也是认识作品、评价人物的难点之一。比如在《药》的开头,有一段描写:

华大妈在枕头底下掏了半天,掏出一包洋钱,交给了老栓,老栓接了,抖抖的装入衣袋,又在外面按了两下,便点上灯笼,吹熄盏,走向里屋去了。

这里一个"掏",并且是"掏了半天"的"掏",和老栓"抖抖的装入衣袋"的"抖抖",还有"又在外面按了两下"的一个"按"字,把老栓一家人挣钱之艰难和艰辛非常形象地描写了出来,也说明这钱已经积攒了多时,是专为小栓治病用的,并且小心地包起来,藏在枕头下,取时需"掏"。而老栓接到了手却"抖抖"地装入衣袋,还在外面"按了两下",是怕装入衣袋时有什么闪失而弄丢了的非常小心谨慎的心理表现,说明老栓夫妇积攒这点钱真的不容易,现在舍得拿出来,完全是为了救儿子的命。

教学中教师必须善于发现常人所未见的细节。细节决定作品的命运,同样教学中能否抓住细节进行学习、从细节突破直接决定着小说教学的效果。

2. 从环境中探索人物性格形成

环境是人物活动的场面、故事演变的空间。人物性格的形成首先是受环境影响,人的活动又反作用于环境。所以,在环境之中寻找人物性格形成的原因是分析小说主题思想的基本途径,究竟如何从环境因素中寻找人物个性的差异,以及差异对于揭示作品主题有何价值等,均成为教学的难点。如沈从文的《边城》一开头有两段环境描写:

由四川过湖南去,靠东有一条官路,这官路将近湘西边境到了一个名为"茶峒"的小山城时,有一小溪,溪边有座白色小塔,塔下住了一户单独的人家。这人家只一个老人,一个女孩子,一只黄狗。

小溪流下去,绕山组流,约三里便汇入茶峒大河……小溪宽约二十丈，河床为大片石头作成。静静的河水即或深到一篙不能落底，却依然清澈透明，河中游鱼来去皆可以计数……

这两段寥寥数笔的环境描写，勾勒出一幅明丽清新的画卷。既为故事提供了纯净美好的自然环境，又暗示了人物心灵的清澈、淳朴和美好，但同时以环境的“边远”和“偏僻”暗示了人物生存的封闭。《边城》就是由这样美丽的山水构成，抓住了山水的灵性，以水作为背景，而其中的小说人物反而成了图画中的点缀。如此美好清澈、如诗如画的环境，如此淳朴厚道而美丽、从内心到外表都美丽的人物，为什么仅仅因为相爱的人的一点误会，便使翠翠如诗的爱情演变成了一幕悲剧，成了一出淡淡的悲剧呢？这个悲剧的价值和意义究竟是什么？要证明什么呢？这些环境描写所蕴含的情感往往是学生不能感受到的，因此需要教师引导他们来体会。

三、小说教学的方法

（一）以读带写、以写促悟

小说教学过程中，可以把读写结合起来，以读带写，以写促读。这里所说的“写”不是指学习小说创作。我们所说的“写”是指对于篇幅较长的小说，可编写故事梗概、故事提纲。如学生喜爱雨来、闰土、孙悟空等人物，教师就可以引导学生采用读写结合的方法，让学生试着写一些人物分析或者人物评论。可以仿写某些篇章的精彩片段，以提高学生的写作与阅读能力。采用这种教学方法，既可以通过写作深化学生对作品的思想和艺术价值的认知，又有利于促使学生将自己对作品的认知结果诉诸文字，提高阅读能力和写作水平。

（二）制造冲突、辨析辩论

教师事先将针对教材中的某一关键问题的几个不同观点介绍给学生，使学生形成认知冲突，要求学生在认真钻研课文的基础上，通过辨析，选择一种观点，再结合课文内容进行辩论。例如教学《将相和》时，有位教师首先提出：“在渑池之会上，赵王和秦王究竟谁战胜了谁？有的说战成了平局，有的说秦王战胜了赵王，有的说赵王战胜了秦王。你认为呢?”然后学生认真钻研课文,根据自己的理解选择一种观点,各方展开了唇舌之战,各自阐明自己的观点和立论的根据。最后,教师根据各方辩论的情况予以公正的评判,这种教学方法,不仅能促使学生深入钻研课文,也有利于他们辨析能力、表达能力的锻炼和提高。辩论使学生真正成为学习的主人,但课堂的任何辩论一定要建立在深入阅读和认知文本的基础上,不能架空文本只追求课堂的热热闹闹,这样表面的热闹其实是没有独立思考和主见的形式主义辩论。

第三节 戏剧教学研究

一、戏剧文体

戏剧,戏剧艺术,是指以语言、动作、舞蹈、音乐等形式达到叙事目的的舞台表演艺术的总称,是演员将某个故事或情境,以对话、歌唱或动作等方式表演出来的艺术。戏剧不同于小说、诗歌、散文的特点。戏剧以人物台词为手段、集中反映矛盾冲突,剧本是供戏剧演出用的脚本。根据对人教版、鲁人版、苏教版等必修教材选文的统计,高中语文戏剧类文本主要包括《长亭送别》《窦娥冤》《雷雨》《哈姆雷特》《罗密欧与朱丽叶》等。

根据不同的标准,戏剧被分为不同的种类。按作品类型可分为悲剧、喜剧、悲喜剧、正剧等;按题材内容可分为历史剧、现代剧、情节剧、哲理剧、寓言剧、童话剧等;按戏剧动因分类,包括命运剧、性格剧、心理剧;按创作手法分类,包括写实戏剧、叙事戏剧、表现主义戏剧、象征主义戏剧、荒诞派戏剧等。了解戏剧划分的不同标准和种类,有助于更好地把握不同类型戏剧的艺术特征。

戏剧是一门综合艺术,它把音乐、舞蹈、绘画等艺术形式有机地组合在一起,具有多重性特征。当然,戏剧艺术中的基础因素是文学,在戏剧诸种艺术因素中唯有文学因素是固定持久的。

二、戏剧的教学内容

阅读欣赏剧本，最关键的是认识剧中主要人物的思想、性格，以及剧作所反映的社会生活的本质。教师应该引导学生从以下三个方面入手进行分析。

（一）鉴赏戏剧人物

欣赏戏剧中的人物形象和欣赏小说中的人物形象是相通的，因此，有些方法可以借鉴。

戏剧是通过人物语言来展示自己的形象，而人物形象又是在戏剧冲突中通过语言来表现的，因此，要完整地了解一个人物，要抓住他的特征，要揣摩人物的语言，还要弄清在冲突的过程中这个人物形象有无变化，有哪些变化，以及性格产生的原因是什么，进一步探究塑造人物形象的典型意义。

（二）把握戏剧冲突

社会生活中存在着各种各样的矛盾，剧作家经过选择、提炼、加工，把其中的矛盾典型化，造成戏剧冲突。由于受舞台演出的时间和空间的制约，戏剧冲突更集中，更尖锐。这些冲突既是社会矛盾的反映，同时也是人物性格发展的必然。要了解剧本中所展示的人物之间、人物本身以及人与环境之间的矛盾冲突，了解冲突的起因、性质和过程，进而明确矛盾冲突表现的深刻的主题。①

（三）品味戏剧语言

品味人物语言，首先要通读全剧，弄清人物的历史，包括他的出身、经历和教养等，正是在人物经历的影响下才形成了人物个性化的语言；其次要了解所谓“规定情境”，这包括人物现在的身份、职位、跟周围人物的关系，以及他当前所遇到的问题和心理状态。品味人物语言，还要善

① 朱绍禹．中学语文课程与教学论[M]．长春：东北师范大学出版社，2006.

于抓住语言中所蕴含的丰富的“潜台词”，即说话的目的、言外之意和未尽之言等。

三、戏剧教学的基本方法

戏剧教学即在语文学科教学中对于戏剧作品的教育教学方法。《普通高中语文课程标准（实验）》选修课程中针对“小说与戏剧”，明确提出：“学习鉴赏小说、戏剧的基本方法，初步把握中外小说、戏剧各自的艺术特性。注意从不同的角度和层面解读小说、戏剧作品，提高阅读能力和鉴赏水平。学写小说戏剧评论，力求表达出自己的独特感受与新颖见解。”因此针对这一特殊的文学体裁，也有其自身的教学特点。

(1)体现“舞台性”。《普通高中语文课程标准（实验）》关于“小说与戏剧”的教学建议中指出：“通过观摩戏剧演出，尝试戏剧表演，加深对戏剧作品的体验。”因此教师在教授戏剧文本时，可以给学生营造一种剧场的氛围，并且对于剧本中的舞台布景、提示语等进行介绍和分析，让学生通过词语的理解来展现舞台上的形象。通过戏剧角色扮演的方式，可以让学生对戏剧人物的心理以及矛盾理解得更加充分。

(2)强调体悟与朗读。《普通高中语文课程标准（实验）》中对于语文课程性质的界定为：“语文是最重要的交际工具，是人类文化的重要组成部分。工具性和人文性的统一，是语文课程的基本特点。”因此根据戏剧文本的特点，在教学时以人物的语言表达为切入点，从人物性格和人物心理中感受整部戏剧的思想内涵。在对语言的品味与体悟中理解人物形象，展现舞台情境。

(3)区别“剧种”。《普通高中语文课程标准（实验）》中指出：“了解中外戏剧的基础知识和相关的文化常识，了解有代表性的作家、作品的有关情况。”因此要求教师在教学时也要区分不同剧种的特点进行分类教学。例如中国古典戏曲突出体现了情境、意象，曲调和唱词的韵律、风格等，在教学时可作为最大的审美资源来利用；中国近现代话剧则是在对西方戏剧的学习中逐渐产生的，且诞生与繁荣于中国最动荡的年代，在语言与思想上都充分体现了一个时代的精神追求和向往。西方话剧产生较早，发展较为成熟，着重于人物的塑造与情节的体现，展现“意志的冲突”，应作为教学的重点。

第四节　散文教学研究

散文和诗歌比，同样可以即景抒情，托物言志，但不受节奏、韵律的限制，写法灵活。它不是诗，却具有诗一般的意境。它同小说比，同样写人记事，但人物不求典型，故事不必完整；和戏剧比，同样讲究语言的锤炼，但不受时空限制，行笔自如。它不靠矛盾冲突吸引观众，而靠优美的语言打动读者。

一、散文及其基本特征

(一)散文的内涵

广义上说散文是与韵文相对的概念，是一个复杂的、相对不清晰的、缺乏严密体系的综合概念。中国最早的散文可以追溯到甲骨卜辞、《周易》卦爻辞、钟鼎铭文等这些文字的散文。这种非押韵形式以记事为主要功能的文类主要形成于殷周时代的《尚书》，然后就是先秦的诸子散文和历史散文等等。“散文”一词自宋代出现以后就一直通用，直到“五四”以后成为一种文体的专有名称。古代散文的概念，主要还是与韵文相补充的。也就是说，除了讲究韵律的诗、词、赋等韵文外，其他散行的文章，一概称为散文。刘勰曾说：“今之常言，有文有笔，以为无韵者笔也，有韵者文也。”这里“笔”就是指韵文以外的一切不同体裁的文学散文和非文学散文。所以，古代散文，从文体角度讲，是一个相当宽泛的概念。①

(二)散文的基本特征

散文的基本特征主要可以分为四个方面。

① 贺卫东．中学语文教学案例研究[M]．西安：陕西师范大学出版总社，2019.

1. 提起散文首先想到的就是“形散”

散文在取材上非常广泛。正如余树森所说:“散文园地,好似一座林林总总、包罗万象的博物馆。”由此可见,世界万物,大到浩瀚宇宙,小到花鸟鱼虫,都可以成为散文的写作源泉。取材的广泛性使学生可以通过阅读散文作品,了解自己所生存的大千世界的奇妙,体验人世间各种情感的微妙细腻,进而从阅读中收获喜悦、哀叹、愤怒……散文形式自由灵活,有感录、见闻记、日记体和书信等形式,因此不拘一格、形式多样。散文表现的方法也是多种多样的,可以叙述,可以描写,可以议论,可以抒情,通过不同的方法来创作。但是形式上“散”的散文,一般都要始终围绕一个确定的主题或者主旨,也就是人们常说的“神聚”,“神”是指蕴含在形之中的作者的思想和感情。秦牧说过:“写散文最不能丢的是思想的红线”,散文中一幅幅迥然不同的画面,一个个纵跨时代的历史事件和天南海北的风土人情等各种题材都是靠一条贯串全文的线索来整合成一个有机的整体。

2. 散文是以抒情为主的

散文可以说是一种情趣的艺术。正如“文章不是无情物”,没有感情就不会有散文。散文的创作是感情的凝结。郭之媛在《美文审美谈》中说“作家的喜、怒、哀、惧、爱、恶、欲之七情,像一条彩色的纽带,连缀于散乱的人、事、景、物的描写之中。情,是美文的血液。美文的叙事、记人、说理,亦无不是旨在写作者主观之情,处处渗透着感情的血脉。”语文教材中的每一篇散文,都渗透着作者的感情,具有强烈的个人抒情性,如《荷塘月色》和《故都的秋》。总之,抒情是散文的一大显著特征,而借助事或者物来抒发作者对于现实生活的真情实感,是散文得以征服读者的一大魅力所在。

3.“散文是文学园地里的轻骑兵”

散文篇幅不大,往往是作家选取自己生活境遇中的一人一事一景一物作为自己的抒写对象,触景生情,随事抒怀,而这一人一事一景一物中,往往蕴涵着对社会和人生的深刻见解。所以,散文篇幅短小而情深意切,通常能够以小见大。这里的“小”是指散文选材的小,“大”是指它所涉及的人生、社会乃至历史、时代的大。郁达夫说:“一粒沙里见世界,半瓣花上说人情，就是现代散文的特征之一。”余秋雨的《道士塔》，选取了道士塔这小小的历史古迹，从它的沧桑和衰败中折射出清政府的愚昧，揭示一个时代的悲剧，还有史铁生的《我与地坛》，选取了地坛这一方小小的天地，通过对一些小得不能再小的生活琐事的描写，表达人世间最伟大的母爱以及自己对痛苦的理解，都是以小见大，见微知著。散文就像王耀辉在《文学文本解读》中说的那样，能将自己由全部的生活体验和长期细密的思考获得的领悟，融会于一草一木、一沙一石的吟唱抒写之中，将有限与无限相沟通，将具体而微与抽象深刻相连接，从极小中见出极大。

4. 美文

散文也被称为美文，一篇好的散文总是富有诗情画意的。散文可以将我们带入由作者打造的一方诗情浓郁、画意丰沛的天地，让我们如品味陈年美酒一般享受作者笔下的美。散文的美，首先是内容上，无论写景、叙事、咏物、论理，都有着丰厚的情味韵致，都有一定“趣”贯穿其中。散文的美，也指它的文辞之美。散文的语言骈散兼用，长短结合，朴素、自然、流畅、干净，给人一种自然、和谐的美感。又加之散文的语言经过情感的熏陶和写意的磨炼，是非常体现作者功底的文字。而我们也总能从平常的文字中读出其中深含的不平常的韵味和情调，使之绘景而见情，状物而“得意”，叙事则成趣，写人即出神。因此，好的散文语言，总是于貌似娓娓道来的平常中，蕴含着丰厚的底蕴和雅致的趣味。

(三)散文的文体特征

散文有以下主要特征。

1. 语言美

散文的语言魅力体现在灵活多变的句式，多种修辞手法的综合运用。不同的散文语言风格共同构筑了五彩缤纷的散文世界。

2. 结构美

散文的结构方式是灵活多样的，既有横向的，即通过具有并列关系的内容构成全篇意境整体的结构方式；也有纵向的，即通过递进关系的内容构成全篇意境整体的结构方式。在教学中，准确把握散文的结构的艺术规律，对散文鉴赏的效果至关重要。

3. 情感美

一是情感的真实性，优秀散文中所包含的作者的喜怒哀乐，都缘于作者真实的情感体验。二是情感的深挚性。《背影》中作者在文中所表现的深沉的父爱，震撼着每一个读者的心灵。

4. 意蕴美

无论抒情散文还是叙事散文，其表达的作者的思想观点往往不像议论文一样直白，作者往往通过优美的语言，精巧的构思，含蓄地表达自己的观点。

二、散文教学的基本特征

（一）散文教学目标

通过散文的教学我们需要达到以下目标。

有计划地阅读和学习不同题材的散文经典作品，感受散文独特的艺术魅力，剖析散文内含的思想情感，从而培养学生阅读和鉴赏散文作品的兴趣和习惯，丰富学生的精神世界，提升学生的审美水平和文学鉴赏能力，进而提高其语文素养。

散文学习，尤其是对语言的品析，可以让学生获得对语言美的感知和体悟。学生要随文学习基本的语法知识、必要的语言表达方式和技巧，同时要积累一些重要的文学常识，培养语言功底和驾驭能力，为写作打好语言的基础。

散文教学要让学生初步了解并掌握不同类型散文的基本特征，学会阅读和鉴赏散文的基本方法，能够独立阅读和鉴赏散文，让学生在鉴赏散文的过程中，充分发挥想象力和创造力，从不同的方面体会和发现作品的意义，获得个性化的阅读和情感体验。①

---

① 于亚中，李家珍．中学语文教学概论[M]．西安：陕西人民教育出版社，1985.

散文学习要充分发挥学生的主体地位，在课堂上创设条件让学生进行自主、合作、探究式的学习，训练学生读思结合的思维方式，培养学生的逻辑思维和辩证思维能力，培养学生分析问题、解决问题的能力，引导学生深入文本进行探究和分析，提出自己的看法。

能够借助工具书和相关资料阅读有一定难度的古代散文，背诵一定数量的名篇佳作。学习并掌握一定的古代文言文基本知识和中国古代的文化常识，注重对于传统文化的学习和积累。

（二）散文教学重点

1. 明确文章脉络

“形散神聚”是散文的最大的特点，因此抓住中心线索和主题才能理清作者的写作思路，使学生不感到散乱和无章，而是有脉络可寻。在教学中，要注重对于散文线索的理清。线索是作者组织材料的依据和准绳，理清线索，有助于学生进一步分析散文的情感和语言等等。还要注重剖析散文的结构，要根据文章的线索和材料的安排的顺序，弄清文章的段落、层次、开头结尾、过渡照应等问题。一言以蔽之，一篇散文是由作者依据确定的主题思想和情感的需要，进行选材、编辑和安排等等来完成的。散文教学只有知道其实质是如何选材、编辑和安排，找到线索和脉络，才可以完成阅读和鉴赏。

2. 品味散文语言

分析散文的语言是散文教学必须要重视的一个任务。通过品味语言风格，就可以对散文的内容有更加深刻的体会。而且散文的核心情感都是需要通过对语言深入细致的分析才能有所感悟，否则，只是片面或者浮于表面的。分析散文语言首先必须要掌握词汇的意思，正确使用语法规则，恰当运用修辞技巧。其次，要注意语言的时代特点，这样才能把握好散文的语言风格。当然还要注意作家自身的因素，也就是作家的语言风格。

3. 掌握常见手法

散文写作常见的手法就是以小见大、见微知著，因此散文教学也自然要把握这一点。具体来说，对于散文的阅读不能照实阅读，要在充分发挥学生自主性的前提下，基于文本，通过解释、想象、联想、发散等方式让学生进行深入的解读，从而体会作品的主旨，提升作品的意义。对于散文的学习和理解也必须在了解写作背景和作者经历的基础上进行。作品是作家内心的反映，里面有着作家对当时社会和自我经历的体会。因此，分析散文必须深入理解写作的背景和作者的经历，才能发现文章点滴背后的意蕴，才能发现具体事件背后的社会环境。

（三）散文教学难点

1. 品味蕴含的情感

品味散文中传达的情感，品味作者的性情，从中陶冶学生的性情是散文教学需要着重考虑的难点。由于学生的生活经验相对匮乏，缺少足够的文学积累，因此在品味散文的“情”时，往往感觉无从下手。而这就需要教师在教学中有意识的引导。教学中，教师应该注重学生与作品或者作者的对话，引导学生将自己的情感与作者的情感通过作品进行沟通，从而达成共识，有所共鸣。学生还要发挥自己的联想和想象，调动自身的感知，不断去建构作品的艺术形象，在这个过程中品味情感。总之，学生主动的情感参与和体验是了解散文中的真情所必不可少的。

2. 散文的选材、组材方法

散文取材广泛，思路开阔，但也有章可循。散文教学要重点分析其中的章法，分析作者驾驭和组合材料的方法，从而提高学生阅读散文和写作散文的能力。

一般来说，教师在散文教学中需要从四个方面引导学生了解和掌握散文的选材、组材方法。首先，时间上的取舍。散文不受时间限制，时间跨度可以相对自由，从古至今，再到未来均可。其次，空间上的转换。散文也不受空间限制，空间转换可以天南海北，自由切换。这样就使得散文很丰满，很有层次。另外，事件的剪辑也有多种多样的方法。尤其是叙事散文，事件之间的联系和组合让散文的魅力增色不少。最后，表达方式的多样。一篇散文中通常综合运用了多种表达方式，常用的有：记叙、说明、抒情、议论等等。对于表达方式的把握，可以帮助学生深入地理解主题，学习作者是如何传达自己的思想和意义的。

三、散文教学方法

（一）朗读法

阅读是散文教学的第一步，通过阅读可以让学生走进文本，在与作品积极的对话中，体会作品传达的情感，进而把握作品的丰富内涵。散文内蕴深厚，需要反复朗读，还要充分发挥学生的想象，充分调动其情感，教师也要在自身朗读的基础上，引导学生朗读，使学生走入作者的心灵深处去感知文本的内容和情感。

朗读可以说是体会文学或者文本的一个重要形式，朗读到位了，鉴赏的目的也就基本达到了。朗读散文的时候，要注意散文的整体感情基调，把握住关键语句。朗读时要感情饱满，注意抑扬顿挫、轻重缓急等，读出散文语言的神韵和作者的情感，体现出文章的语言美，绘画美和情趣美。

（二）体悟法

散文因其丰富的思想内涵，需要学生深入文本去体验和感悟作者的真实思想情感。首先，要知人论世，也就是要了解作者的经历和写作背景。散文一般都是以小见大，有着很强的时代性。只有充分了解作者的人生经历和写作背景，才能真正体会作品的思想内涵和真实情感。其次，抓准文章的感情基调，然后将自己的情感和作者的情感以散文的内容为媒介沟通起来，与作者和文本对话，从而体验作者的内心和情感，与其产生共鸣。最后，要发挥想象和联想，将散文作品中的叙述与描写与自身的生活经验结合起来，使内容和艺术形象在脑海中有所反映和重现。

（三）讨论法

课程标准提出要积极倡导学生自主、合作、探究的学习方式。散文的阅读和鉴赏也该充分发挥学生的自主性，让学生成为教学活动的积极主动的参与者，而不是被动的接受者。教师要尊重学生学习的自主性，鼓励学生通过讨论，彼此交流看法，合作探究，积极深入地理解文本，表达并论证自己的观点，从而实现学生对文本多样化的解读。教师要给学生营造一个自主开放、宽松愉悦的学习氛围，使得学生主动学习，参与讨论。讨论教学法要求教师能够给予适当的引导和提示，在考虑学生最近发展区的情况下，合理有效地开展讨论。

（四）破眼法

破眼法就是抓住文章的关键词或者关键句来突破，也就是把握散文的“文眼”。散文一般来说有“形散神聚”的特点，这是指散文中心思想或者情感突出，通常有一两句最能表达作者思想情感的语句。而散文教学就是要抓住这关键的核心，牵一发而动全身，由点连线，由线带面地深入理解和把握整篇散文。所以，在散文教学中，抓住了文眼，就相当于抓住了文章艺术构思的凝聚点以及作品外景内情的交融点，可以使得教学达到“四两拨千斤”的效果。教师在“破眼”的过程中至关重要，起着不可缺少的引导作用。教师可以充分调动学生的积极性，帮助和指导学生发散思维。

第八章　中学语文教学艺术研究

教学就其本质而言，是教师创造条件把人类已知的科学真理转化为学生的真知，同时引导学生把知识转化为能力的一种特殊形式的认识过程。如何“创造条件”，达到“引导”的目的呢？这就涉及教学艺术的问题。本章主要研究中学语文教学的艺术问题。

第一节　中学语文教学艺术的内涵

一、语文教学艺术的特征

语文教学艺术与其他艺术形式有着密切的联系，但又毕竟不同于其他艺术形式而独具其内在的规定性，即始终将教育作为自己的本质特点。语文教学艺术所运用的材料和工具是人及其知识品德与个性。贯穿整个教学艺术过程中的最突出的因素是人，教学艺术所创造出来的艺术品，乃是学生美的心灵。在这个意义上说，语文教学艺术就是培养人的艺术，其意在取得促进学生全面发展的最佳效能而做出的自觉追求与不懈努力。根据语文教学艺术的整体表现，它应具有以下四大特征。①

（一）形象性

形象性是语文教学艺术的一个重要特征。心理学研究证明，学习者

① 钱加清．语文课程与教学论[M]．济南：山东人民出版社，2008.

对提供的教学形象能迅速感知，提高教学效率。国外研究资料证明：

用语言介绍一种物品，人的识别时间为2.8秒；

用线条图表介绍，识别时间为1.5秒；

用黑白照片介绍，识别时间为1.2秒；

用彩色照片介绍，识别时间为0.9秒；

如果是展示实物，识别时间为0.4秒。

从以上的对比中，可以看出具体的形象对人的感知具有神奇的作用。形象愈是鲜明、愈是具体、愈是活泼、愈是新颖，就愈能缩短感知的时间，引起人们的联想，调动人们的想象，激起人们认知的兴趣，从而提高认知效率。

形象的事物总是表现为一定的外在形式，总是由不同的声音、色彩、线条、形体等组合而成的，这些外在的形式都可以直接作用于人们的感官。它们不仅能使人的感官产生相应的官能感受，而且它们的物质结构可以和人们的心理结构产生某种对应关系，引起心理共鸣。这种对应关系，西方有些心理学家称为“异质同构”关系，即形象的事物的结构与人的心理结构虽然有本质的区别——即是“异质”，但在结构形式上却有相通、相似、相应之处——即是“同构”。例如，线条中的向上的射线与人的积极向上、昂扬奋起的情绪相对应；弯曲的波浪线、下垂的射线和人的心理中松散、起伏、疲沓、无精打采的情绪相对应。又如人的心理对颜色十分敏感，黑色与悲哀相对应、红色与喜庆吉祥相对应、绿色与活泼相对应等等，这种“同构”的作用，就使形象的事物直接唤起人的感知，加速感知进程，丰富感性认知。

缘于此，语文教师教学，需要依据不同的教学内容运用语言、表情、图像、音响等方式，选用不同的教学方法，采用不同的教学手段，塑造富有感染力的艺术形像，向学生传授知识，发展智力，并进行人格教育，完成教学任务。

（二）情感性

语文教学过程，不是单纯的传授知识的过程。在知识的传递过程中，同时存在着人的感情交流。教师的传授与学生的接受双方都具有感情色彩，这种感情色彩赋予教学以明快、深沉的基调。教师在教学中的情感因素，不仅影响着学生的认知学习，而且影响着学生的情感发展。

教师在教学中的情感表现，反映了主体对客观事物、教学内容和教学对象的态度。对客观事物，教师要分清真伪，立场坚定，爱憎分明，对真善美之事物给以支持，对假丑恶之行径痛斥不已。对教学内容，教师要透彻明白，寓理于情，将自己的理解、体验，通过学生可接受的方式传授给学生。对教学对象，教师要投入炽热的爱的情感，形成融洽的师生关系，从而激发学生的交往动机，产生“爱屋及乌”的情感。只有这样，才能确保教学任务的完成。

对教师来说，只有热爱学生、感情真挚，语文教学才能因教师的“爱”而具有活力和生命。美国著名心理学家罗森塔尔和雅可卜生在1968年做过一次震动教育界的试验：他们来到美国一所小学，从1～6年级各选3个班，对这18个班的学生“煞有介事”地作发展预测，并以赞赏的口吻将“有优异发展可能”的学生名单通知有关教师，嘱其保密。8个月后，他们对18个班进行复试，发现提供名单中的学生大有进步，活泼、开朗、求知欲旺盛，学习成绩提高了，与教师的感情也特别深厚。原来教师扮演了皮格马利翁的角色。相传古代塞浦路斯岛上有位年轻的国王叫皮格马利翁，他精心雕刻一具象牙少女像，精诚所至，后来少女竟活了，与他结为夫妻。试验班老师相信罗森塔尔的“权威性谎言”，热爱名单中的学生，真挚的感情滋润了这些学生的心田，使他们自尊、自信、自爱、自强，所以这些学生进步了。这就是著名的“罗森塔尔效应”，或叫“皮格马利翁效应”。这个试验深刻说明教师对学生的爱、关怀和期待在教育效果上所产生的良好作用。从这个意义上说，语文教学的全部奥秘就在于爱学生。①

（三）审美性

语文教学要用“美”吸引学生，教师只要一登上讲台就作为一个审美和欣赏的对象，呈现在学生这个审美主体面前。不管教师本人是否意识到，是否愿意，学生都会对他作出评价。这个评价里边就包含着审美尺度。因此，教学中的审美特点，主要由作为审美对象、具有审美价值的教师表现出来。

如果用外在和内在的方法考察，就会发现，教师的审美价值或教学

① 贺卫东．中学语文教学案例研究[M]．西安：陕西师范大学出版总社，2019.

的美同时体现在外在和内在两个方面。外在和内在的美是互相联系、密不可分的,教学艺术的美就是这种内在美和外在美的有机结合。

教师外在的美,主要表现在仪表的美、教态的美、语言的美、节奏的美和板书的美等方面。内在的美主要表现在理性的美、意境的美、机智的美、风格的美和人格的美等方面。其中,理性的美,主要表现在教师深刻地理解课程标准,驾驭教材,吃透教学内容,掌握教学规律,贯彻教学原则,优选教学方法,加之创造性地表演而释放出来的美。这种美具有内在的吸引力,是不可忽视的;意境的美,主要表现在教师创设美的意境,并能够进入美的"角色",带领学生曲径探幽,深入美的境地,把握教材中的美意,领略美的风光,从而得到美的享受,接受人生的启迪。

【教例】靳家彦老师在讲授《桂林山水》一课时,有这样一个片断:

师:读完这篇课文,你们有什么突出的感觉?

生:作者写得太美了。

师:是写得太美了吗?

生:桂林的风景太美了,作者又用优美的语言表达出来了。

师:对,是桂林风景美,作者又把自己观察到的景象用优美的语句表达出来了。可以说风景美如画,使我们没有去过桂林的人,读完以后好像已经见到了。这可以用哪个词语来概括?

生:如临其境。

师:对。你们再体会一下,作者看到那么美丽的景色,又用这么美的语言写了下来,表达了他一种什么样的感情呢?

生:表达了他热爱桂林山水的感情。

师:仅仅是热爱桂林山水吗?

生:热爱祖国的大好河山,作者一看到这么好的山水,一定会觉得我们的祖国太美了。

师:你们呢?

生:我们也更加热爱我们伟大的祖国。

这里,靳老师提出的六个问题使学生的认识经历了一个"美—风景美—语言美—热爱桂林—热爱祖国—我们更加热爱祖国"的思想迅速升华的过程,体现了语文教育中知识教育与审美教育、品德教育的和谐统一。

另外,机智的美,主要表现在教师对课堂教学中突然出现的难以预料的问题,能够冷静、稳重、迅速作出反应,采取恰当的措施去处理。教师冷静、沉着、巧妙的化险为夷的方法都会迸发出一种智慧美的火花，这种火花会转化为一种灵魂的感染力渗入学生的心田；风格的美，主要表现在教师的风度、谈吐、举止等都有自己独特的风格：或凝重严谨，或轻松活泼，或以逻辑严密取胜，或以感情充沛见长，不同的风格，会给学生以不同的美感；人格美，主要表现在教师具有高尚的师德，对事业有执著的追求，对知识有严谨的学风等方面，这些都将折射出人格美的光辉，给学生以强烈的美感。

当然，语文教学中的审美性仅仅是作为手段存在，它从属于教学效益，以教学效益作为取舍标准，以提高语文课堂教学质量为最终目的。如果不是为了提高语文课堂教学质量，而是为美而"美"，那么这种"美"就成了花架子，反而会引起学生的反感。

(四)创造性

教学的生命力贵在创造，无创造便谈不上教学艺术。创造性是语文教学艺术最本质的特征，它决定着教师教学艺术水平的高低，关系着教学的成败。

语文教学中无时不存在创造性。教师面对的是千差万别的学生，他不可能用事先准备好的刻板如一的公式去解决课堂上出现的各种问题。无论是教学方案的设计、教学原则的运用、教学内容的处理、教学方法的选择，还是教学过程的组织、课堂偶发事件的处理以及教学语言、非言语行为的运用等都需要发挥创造性。创造性贯穿于教学的全过程，从起点到终点，而终点又是下一个起点。同一教材，由于教学对象的实际情况不同，教师可以设计出无数种不同的有针对性的教学方案，呈现出"百花齐放"的风格。

语文教学艺术的创造性更多地表现在表达教学内容所运用的方式方法上。课程标准、教科书和教学计划所承载的知识，都是教师已有的、已知的，而如何驾驭这些知识，把这些知识转化为学生的精神财富，从而取得高质量的教学效果，这是教学创造性的实质。所以，教学艺术的创造性一般表现在：如何准确、灵活地把握制约教学的种种主客观因素，包括具体的教学目标、教学对象的起点及身心发展规律、教学效果的价值准则等；如何能动地选择教学内容，确定教学的重点和难点，设计教学程序，对教材进行"再创造"；怎样设计教学问题情境，怎样运用启发式教学，怎样设计板书，怎样进行因材施教等；如何探索、完善适合自己特点的教学方法和教学风格以及教学管理、教学机智等。教师总是将自己独特的认识、处理、评价等融进授课的方式方法上，从而形成自己独特的教学风格。①

【教例】教安徒生的童话《皇帝的新装》，可引导学生就“皇帝举行赤身裸体游行大典后，他想起那个天真而诚实的小孩的话，会怎么样？”这一话题进行再造想象。

教莫泊桑的小说《项链》，可引导学生就“当路瓦栽夫人在极乐公园碰到佛来思节夫人，得知她当年丢失的是一串假项链，十年劳动白费时，她该怎么办？”这一话题进行再造想象。

总之，由于语文教学艺术的复杂多样性，它所表现的特征也就多姿多彩，从各方面反映教学艺术的本质，表现教学艺术的功能。但以上概括出的四大特征是密切联系的，它们都不是孤立地显现，而是有机结合地同时出现。

二、语文课堂教学的启发艺术

启发式是我国古代大语文教育乃至整个教育的指导原则和方法体系，当代语文教育继承和发展了启发式教育思想，并把它作为基本指导原理。按照现代教育学的理解，启发式教学指的是教师根据学生认识的客观规律以及他们的理解能力和知识水平，充分调动学生学习的主动性，激发其内在的学习动力，实现教师主导作用与学生学习的积极性的结合，系统知识的学习与智力充分发展的结合，引导好学生的学习过程，使他们经过独立思考，融会贯通掌握知识，并提高理解、分析和解决问题的能力。启发式教学的特点，在于发展学生的智力，培养“创造型”人才。

（一）运用启发式教学艺术的基本原则

在语文课堂中要正确地运用启发式教学，充分发挥它的功能，我们有必要提出运用启发艺术所遵循的原则问题。根据广大优秀教师在教学实践中积累的教学经验，可以把运用启发式教学所遵循的基本原则概

① 郝丽琴．中学语文教学设计与案例分析[M]．合肥：安徽大学出版社，2015.

括为以下五点。

1. 教师主导、学生主体原则

启发式教学强调教师的“导”要引起学生的“思”，贵在“引导”、“引路”，而不是代替学生走路；强调教学要充分唤起学生主体意识的觉醒，使他们知道自己是学习的主人；强调教学启发、激励，调动学生的眼、耳、手、脑等各种器官参与学习，坚决废止灌输和呆读死记。教学中只有充分贯彻教师主导、学生主体的原则，才能充分调动教师教和学生学两个积极性，从而提高教学质量。

2. 了解实际、因材施教原则

由于各个学生的知识基础、理解能力、接受能力以及个性、爱好不同，所以，对不同的学生，教师要注意有的放矢地进行启发诱导，做到因人而异，因材施教。这样才能恰到好处地启发诱导，促进学生思考，最大限度地调动学生学习的积极性、主动性。

3. 激发动机、引起兴趣原则

激发动机和引起兴趣是促进学生学习、思考和探索的前提。学习动机是学生内在的学习需求，学习动机中最现实、最活跃的成分是求知兴趣。学生有了正确的学习动机，就会产生强烈的求知欲望，就能集中精力，坚韧不拔地探索下去，并能克服学习中的重重困难。因此，启发式教学必须首先从激发动机和引起兴趣开始。

4. 分清主次、抓主要矛盾原则

启发教学要“启”在主要问题上，“发”在解决问题的关键点，这就必须做到中心突出、重点明确、条理分明、详略得当。否则，教学中不分主次，眉毛胡子一把抓，当详不详，当略不略，枝蔓芜杂，就会有损启发式教学的质量。

5. 教学民主、多向传递原则

教学作风民主化，就能形成一种师生心理相融的局面，创设愉快和谐的课堂教学氛围，并容易形成教师威信，利于教师主导作用的发挥。这样，才能在良好愉快的环境中，启而有发，问而有答，充分发挥启发式教学的功能。启发式教学不仅提倡教师在讲解中进行启发，而且更倡导采用多向交流形式进行启发，这就是既运用讲述法进行启发，又运用问答法和讨论法进行启发，使教学呈现多向交流，使学生学得生动活泼。

（二）运用启发式教学艺术的具体方法

根据对广大优秀教师，尤其是特级教师教学实践的总结和教学经验的剖析，运用启发式教学艺术的具体方法可以归纳为以下几种。

1. 激发动机启发

心理学认为，动机是某种需要引起的有意识或无意识的但可以实现的行为倾向，它是激励或推动人去行动以达到一定目的的内在动因。对于学习来说，学习动机便是学习的原动力，要获得学习的成功，就必须具备这种原动力才行。语文学习当然也不能例外。

在语文教学方法中，激发学生的学习动机，主要是为了激活学生学习语文的自觉性、积极性、主动性，培养他们学习语文的兴趣，端正他们学习语文的态度。为此，要做到：(1)让学生明确学习的目的及意义。教师要帮助学生认识为什么学习，学习什么内容，达到什么要求以及语文学科在实践中的意义和作用。只有当学生明确了学习目的和学习的意义时才会产生积极的自觉性，为达到一定的目的而付出艰苦的劳动。(2)做到充实教学内容和改进教学方法。学生的学习动机有一个从低级到高级不断深化的过程。教师除了用学习目的启发动机外，还要注意用各种形式稳定和深化学习动机，而充实教学内容和改进教学方法是很重要的一种形式。实践证明，陈旧过时的教学内容和单调乏味的教学方法不但不会激发学生的学习兴趣，反而会扼杀学生的学习兴趣。因此，教师在教学中应力求用丰富新颖、逻辑系统性强、反映当代新的科研成果的教学内容和以启发式为指导的各种教学方法组织教学，以此吸引学生、启发学生，使学生通过学习得到精神上的满足，进一步激起学习兴趣。此外，还可以通过开展竞赛、教学游戏等形式启发学生的求知欲。当学生感到学习有趣和有用时，就会产生强烈的学习动机。①

① 钱加清．语文课程与教学论[M]．济南：山东人民出版社，2008.

2. 创境激情启发

在语文教学过程中，创设诱发学生发现问题和解决问题的情景，使学生受到情景的熏陶和感染，促使学生展开思维的翅膀在知识的海洋里遨游，这是启发式教学艺术的重要手段和方法。

【教例】钱梦龙老师教学《死海不死》片断：

离上语文课还有几分钟，当语文课代表把一只盛满清水的大烧杯、一根玻璃棒、一把塑料匙子、一碟食盐、一只鸡蛋放到讲台上的时候，好奇的学生一下子涌到讲台四周，七嘴八舌地猜测起来。

"课代表，这是干什么用的？做实验吗？"

"语文课做实验？新鲜！"

"大概想请我们吃鸡蛋吧？才一个蛋，给谁吃好啊？"

"没有酒精灯，只能吃生鸡蛋喽！"

"这满满一大碟盐，吃下去还不咸死人？"

谁也猜不透语文老师的"葫芦"里究竟卖的是什么"药"。

一上课，钱梦龙老师在学生们迷惑目光的注视下把鸡蛋投入了大烧杯。鸡蛋很快沉到了底。

"谁有办法让鸡蛋浮起来？"钱老师问。

"拿个酒精灯或电炉来，把蛋煮熟了，也许能浮起来。"一个学生把握不大地说出了他的想法。

"不，只能用讲台上可能提供的条件。"钱老师规定了思考的范围，学生们的目光不期而然地都集中到了大烧杯旁边的那一碟食盐上。不少学生举手，希望到讲台上来试一试自己的办法。

一个男生走上来，先把鸡蛋从烧杯取出，用匙子舀一些盐放入烧杯，拿玻璃棒拌到盐溶解了，再投入鸡蛋。遗憾的是鸡蛋没有浮起来。

"多放些盐。"同学而提醒他。

于是他又舀了几匙子盐溶入水中。鸡蛋虽然仍然下沉，但没有沉到底，而是半悬浮在水中。这个现象使操作者受到鼓舞，于是他把一碟子盐全部倒进了烧杯搅拌。鸡蛋终于浮到了水面上，钱老师要求他解释一下鸡蛋上浮的原因。

初二的学生已经在物理课本上学到过"密度"的概念，这位学生准确地说明了清水加大量盐以后，盐水的密度比鸡蛋的密度大是鸡蛋上浮的原因。

于是钱梦龙老师告诉学生，世界上有这么一个大湖，含盐量比一般海水高七倍，名叫“死海”。接着板书“死海不死”四字，并要学生猜一猜：为什么这个大湖叫“死海”？为什么又说“不死”？又是一番七嘴八舌，学生们渐渐接近了这样的结论：海水含盐量太高，使生命无法在水里存在，所以叫“死海”。但人或其他不会游水的动物掉进海水也会浮在水面上，淹不死，所以又说“不死”。

学生们急于想验证一下自己的猜测是否正确，这时候，钱老师才让大家打开课本。当他们发现自己的“大胆假设”跟课文中说的科学道理完全一致的时候，那种兴奋，那份自信，都从他们熠熠的目光中流露出来了……这堂课进行得十分顺利，在整个阅读训练中，学生们的积极性始终是高涨的。

这是钱梦龙老师教《死海不死》这篇说明文时，先引导学生做的一个小实验。在这直观的教学情境中，让学生亲自领略一下“发现真理”的乐趣，这显然比教师喋喋不休地“奉送真理”更符合学生的认识规律。因为盐水的密度大于鸡蛋的密度，鸡蛋故而上浮，由此猜测和推断死海得名“不死”的原因。这种直观情境，既训练了学生的观察力，也培养了学生的推理力。特别可贵的是，这种直观情境唤起了学生求知的欲望，使他们亲自体验到发现和成功的快乐。

除上述外，教学环境的设计与布置，包括教室、讲台、黑板和教学中使用的各种形象化材料，如教具、标本、实物、照片、图表、板书、板画、幻灯、录像等，也是引起学生兴趣、进行启发诱导的重要手段。学生的学习，常常是通过眼、耳、鼻、舌等感官来认识、接触的。学生的年纪越小，教学环境的作用越大。因此，教学应按照教学目的和任务、教学原则和方法的要求，精心布置、精选教具，并按照美学原则，创设出优美的环境，使学生置身其中，愉快舒适，从而专心致志，努力学习。

3. 激化矛盾启发

语文课堂上激化问题矛盾，引导学生深入思考，提出解决问题的假设（即还未经证实的设想、看法、观点），并寻求支持假设的根据，这样才能创新性地解决问题。这一启发式艺术的关键是要鼓励学生提出不同的假设，发表不同的看法，抓住对立的观点进行思考。这样才能激活思维，使学习具有创新因素。

【教例】周经纶老师教学《变色龙》——“变”与“不变”之争：

分析《变色龙》故事情节完毕，周经纶老师小结主人公奥楚蔑洛夫的思想性格特征。

周老师在板书的课题“变”字下画了一个三角，问：“奥楚蔑洛夫的基本性格是什么？”许多同学马上回答：“善变。”

就在周老师点头将要表示赞许的时候，突然，李骏同学不待举手就站起来大声说：“不变！”这个回答出乎意料，但这是“最有效地使学生牢固树立学习信心的心理倾向”（布鲁纳语）的最佳时机，于是周老师问：“同意李骏同学观点的同学举手。”举手的竟然不少。

周老师说：“好，大家对这个问题有不同的见解，说明都认真思考了。但是，奥楚蔑洛夫的性格到底是善变呢还是不变呢？我宣布，让张健作善变说的代表，李骏为不变说的代表，展开辩论。”

“善变说”的一方嚷着：“这篇小说标题为《变色龙》，作者是以变色龙颜色多变的特征，来讽喻奥楚蔑洛夫反复无常善变的性格的。”

李骏很冷静，她细声慢语地说：“颜色虽然多变，但保住自己的目的不变，作为蜥蜴的本质没变；正像奥楚蔑洛夫，尽管他反复无常，但他作为沙皇走狗的本性没变一样。”

张健说：“奥楚蔑洛夫时而说要弄死狗，罚狗的主人，时而又夸狗，说狗怪伶俐的，咬人咬得好，他的性格不是善变又是什么呢？”

“不变。”马上有人反驳，“请问，奥楚蔑洛夫装腔作势、媚上欺下的性格改变了没有？”

“善变说”寸土不让：“小说四次写了奥楚蔑洛夫穿的那件军大衣，穿了脱，脱了穿，刚才老师分析过，这四个细节描绘，淋漓尽致地勾画出这个沙皇奴才的善变丑态，以及他卑劣的心理活动。”

李骏这时走向黑板，在黑板上画了一个圆，说：“善变的每一处刻画，都是圆上的一个点，都是以奴才性格特征为圆心而画出的，善变的描写是为突出不变服务的，所以说奥楚蔑洛夫的性格特征应该是不变的。”

快下课了。周老师总结说：“大家争得真好，真让我开心。大家说的都对，都做到了言之有据，从课文实际出发。说奥楚蔑洛夫性格特征是‘善变’是对的，他不仅变得快，而且变得蠢。说奥楚蔑洛夫性格‘不变’也是对的，这是就他性格的本质特征说的。李骏同学画的圆正说明了这个道理。”

这个教例非常典型，在教师的启发、激化下，课堂上形成了“善变”与

“不变”这一思维矛盾，学生各自寻找支持自己观点的根据，既理解了“善变”的表征，又发现了“不变”的本质，受到了思维训练，辩证地解决了问题。

4. 类比联想启发

事物总是相互联系的。知识与知识之间，通过已知类比未知，唤起学生的联想，求得对问题的解答，这是启发式教学经常运用的一种方法。

类比、联想不但能巩固旧知识，获得新知识，而且也能在获得新知识的同时，扩充新知识，使学生的知识更加丰富，思维更加活跃。

类比、联想、启发，要求教师要善于利用学生已有的生活经验和感性知识，引起他们的联想，引导他们由此及彼、举一反三地进行学习。同时，要求教师在引导学生运用已有知识和经验，去探求新知识和未知领域的东西时，还要注意把基础知识和基本技能的掌握与创造性的思维活动结合起来，要从学生已有的生活经验和已经掌握的实际出发，运用典型事例唤起学生联想去解决疑难问题，达到使学生掌握知识和发展智力、培养能力的效果。

【教例】霍懋征老师在教《月光曲》一课时，就运用了类比、联想启发的方法。

霍懋征老师在教《月光曲》一课时，学生对贝多芬为什么要给茅屋里的盲姑娘弹了一曲又一曲很不理解。这时，她启发学生说：“盲姑娘听贝多芬弹了一曲以后说：‘弹得多纯熟啊！感情多深哪！您，就是贝多芬先生吧！’对于一个素不相识的人来说，怎么能从弹琴的声音中听出弹琴的人来呢？这时贝多芬的心情又怎么样呢？”学生们积极思考，但一时又回答不出来。

稍等一会，她给学生讲了一个典故：古代有两个人，一个叫俞伯牙，一个叫钟子期。伯牙喜欢弹琴，弹得非常好。钟子期在旁听着，十分欣赏。有一次，伯牙刚弹到描写高山的时候，钟子期就情不自禁地说：“善哉，峨峨兮若泰山”（弹得真好呀！高呀！高峻像泰山一样！）当伯牙弹到描写流水的时候，钟子期又说：“善哉，洋洋兮若江河！”（妙呀！盛大像滔滔的江河！）伯牙非常高兴，觉得世界上没有像钟子期这样了解自己，他是自己的知音。后来，钟子期死了，伯牙就再不弹琴了。因为……

她话没说完，学生举手站起来说：“老师，我明白了。盲姑娘像钟子期一样，是贝多芬的知音。贝多芬既同情盲姑娘，又看到她是自己的知音，所以心情很激动，愿意为盲姑娘弹了一曲又一曲。”俞伯牙、钟子期的“典故”唤起了学生的联想，启发了学生求得正确答案的思路，思路一通，豁然开朗。这种知识之间类比、联想的启发性，不但为学生突破难点搭上了阶梯，而且进一步丰富了学生的知识。

5．比喻引趣启发。

比喻也是启发式教学经常使用的一种方法。在教学中，教师运用具体形象的学生熟知的事物去比喻说明那些抽象的、深奥的、生疏的事物，激发学生联想，启发学生思考，进行对照化简，化难为易，使学生生动活泼地、妙趣横生地进行学习。

比喻，就是打比方。有经验的教师在教学中常常采用此种方法，把理论性的东西讲得具体生动，浅显、明白，为学生喜闻乐见。在运用比喻进行启发时，应注意比喻要贴切、恰当，要精炼、求新。

【教例】《刻舟求剑》是一则形象生动、寓意深刻的寓言故事。当袁璨老师问到这篇寓言告诉了我们一个什么道理时，尽管小朋友争相热烈发言，但很少讲到点子上……袁璨老师就用故事启发道：

“小朋友请静下来，听老师讲个故事：一个孩子经常烧饭，一家三口两碗米，天天这样。有一次，忽然来了个客人，而孩子烧饭时仍旧只量两碗米。吃着吃着，饭不够了，这时，孩子才发现自己不对了。那么，不对在什么地方呢？为什么不对呢？”

这一问，课堂又活跃起来，小朋友纷纷回答：

“她少量了一碗米

“她按老办法做事。”

“她不懂得多一个人吃饭、烧饭的米也应该增多的道理，四个人也烧两碗米，是她看不到情况的发展变化。”

“那么，从烧饭这件事联系到‘刻舟求剑’的那个人，是不是说明了一个道理呢？”

经过袁老师的联结、比喻、点拨，小朋友们都微笑地点着头。

启发式教学的方法是多种多样的，除上述五种具体方法外，还有对比启发、反诘启发等。但必须注意，启发式教学是一种教学思想和总的教学指导方法，它贯穿渗透在各种教学方法之中。这里仅从启发式教学艺术着眼，从不同角度总结出上述方法。这几种方法在具体运用时又不是单一地使用，而往往是综合运用。

三、语文课堂教学的表达艺术

语文教学过程中，教师表达能力的高低，直接影响到学生学习的积极性，关系到教学效果的好坏。因此，教师应不断地提高自己的课堂表达能力，锤炼自己的课堂表达艺术。课堂教学表达有教学口语、态势语言、教学板书三种方式。

（一）教学口语表达艺术

语文教学口语是一种有声音语言的艺术。教师在课堂上阐明教材、传授知识、组织讨论等一系列教学活动中所用的语言，就是教学口语。口语表达是教师最重要、最基本的职业技能。教师说话水平的高低、口语能力的强弱直接关系到教育教学工作的成败优劣。

运用语文教学口语除了一般教学语言所应遵循的教育性、科学性、逻辑性、启发性原则以外，还应遵循如下原则。

1. 规范性原则

规范，就是标准、典范的意思。教学口语规范目的是为了让学生学习、效仿。事实证明，儿童时期乃至青少年时期，依靠模仿手段学得的知识占较大比重。他们模仿的对象主要是成年人，而他们的教师更是其模仿的主要对象。教师的一言一行都是他们模仿的内容。可见，教师教学口语的规范对于青少年语言规范化的教育和影响是异常重要的。

语文教学口语规范化，首先，必须讲普通话，即以北京语言为标准音，以北方话为基础方言，以典范的现代白话文著作为语法规范的现代汉民族共同语。我国地域辽阔，民族众多，各地有各地的方言。往往南方人听不懂北方话，北方人听不懂南方话。有时即使是同一方言区，但由于所操的次方言不同，也无法进行情感交流和思想沟通。所以教师讲课时，无论是讲何种方言的，都要讲普通话，即其语音、词汇、语法、轻声、儿化、变调都要符合普通话的规范，这既是时代的需要，也是职业道德的要求。如果语文教师不用普通话教学，就是一种失职。其次，必须符合专业教学要求。语文学科教学有着自己特有的概念、术语、原理、规则等。教师的教学口语应该符合本学科的特点，不能用一般的日常用语来代替科学术语，也不能按照一般人的理解去随意解释一些原理和现象。①

推广普通话是语文教师义不容辞的天职。语文教师在教学中必须运用纯正的普通话传递信息，表达感情，使学生从语音上体会到汉语的优美、动听、富有表现力，从而学习普通话。一个语文教师如果不能用普通话教学，还奢谈什么教学艺术呢？

2. 生动性原则

生动的教学口语能吸引学生的注意力，唤起学生的求知欲望和学习热情，善于把抽象的概念具体化，把深奥的道理形象化，把枯燥的知识有趣化。教师的语言要生动，必须将语言的意、形、音三者联合运用，把语言的潜力挖出来，使语言“既有意思，又有响声，还有光彩”，做到“意美以感心”“形美以感目”“音美以感耳”。

所谓“意美”，指语言能精确地表达教学内容，揭示教学内容的本质意义，传授知识必须准确无误。例如，介绍有关材料，必须真实；引述与教学有关的名人语录、格言、警句等，必须准确无误，严肃认真，连标点符号也不能错。正音释词，也必须丝毫不差，稍有出入，就会以讹传讹，误人子弟。

语文教师上课的用语，虽然不能像福楼拜所说那样去选择惟一的、完美的词语去传递教学信息，但必须准确，可以把“一词说”作为准确的最终目标。例如，汉语中关于表示“死”的同义词、近义词有许多：亡、故、病卒、驾崩、毙、逝世、捐躯、永别、诀别、送命、丧生、作古、谢世、去世、老了、献身、牺牲、寿终正寝等等，用时要根据语境认真选择。例如恩格斯《在马克思墓前的讲话》用“停止”“睡着”等代用语来写马克思的逝世，虽是译文，但仍选用汉语准确地表达了恩格斯对马克思的崇敬和真挚的深情。这就是准确的典范。

所谓“形美”，指运用语言把事物的形状和事件的情景，绘声绘色地讲出来，讲究语言的色彩、明暗，感触的软硬、粗细，声调的响亮、沉郁等，使人听后有一种身临其境之感，如见其人，如闻其声，如嗅其味，如扪其形。例如，《鲁提辖拳打镇关西》中，写鲁达三拳打死郑屠：

扑的只一拳，正打在鼻子上，打得鲜血迸流，鼻子歪在半边，却便似

① 苏立康．中学语文教学研究[M]．北京：中央广播电视大学出版社，2003.

开了个油酱铺，咸的、酸的、辣的一发都滚出来……提起拳头来就眼眶际眉梢只一拳，打得眼棱绽裂，乌珠迸出，也似开了个彩帛铺，红的、黑的、紫的都绽将出来……又只一拳，太阳上正着，却似做了一个全堂水陆的道场，磬儿、钹儿、铙儿一齐响。

这“三拳”运用三个精彩的比喻，描画了一幅生动、具体的图像，把鲁达不畏强暴、伸张正义的情态活脱脱地展现出来，有声、有色、有形，唤起人们丰富的联想，收到了“形美”的特殊效果。

为要“形美”，教师必须讲究语言表达的修辞，选用比喻、排比、拟人、反复、夸张、顶真、对偶、摹状等修辞格，运用多种句型，如陈述句、疑问句、感叹句、祈使句、被动句、主动句、否定句、双重否定句等，注重长短句的配合，增强语言的表达效果。

所谓“音美”，指语言应具有节奏美。说话快了，像打“机关枪”一样，学生接收不了输送的信息，听课吃力，思维赶不上趟，容易产生消极情绪。说话慢了，像“老牛拉破车”一样，学生感到厌倦疲乏。声音高了，对学生刺激太强，学生会从兴奋很快转入抑制状态。声音低了，有气无力，则学生的兴趣情绪调动不起来。教学语言必须注意节奏，利用声调的高低、升降、快慢以及长短句等的变化，形成抑扬顿挫的音响，使语言符合学生听觉的需要。

教学语言的“音美”，必须去掉语言杂质，如“嗯、这个、那个、那么、反正、呃、哎”之类的口头禅。讲究重音和停顿，运用汉语的平仄音律，金声玉振，铿锵悦耳，给学生美的享受。

3. 情感性原则

教师在教学中，用动情的语言打开学生的心扉，把真、善、美的种子播进他们的心田。教师有时慷慨陈词，掀起学生的感情波澜；有时娓娓道来，好似溪流注入学生的心田；有时引而不发，调动学生积极思维；有时言有尽而意无穷，促使学生回味思索；有时语言警策，引起学生心头的震颤；有时语言充满诗情画意，陶冶学生的性情；有时语言含蓄内蕴，促使学生回味无穷；有时语言风趣幽默，令学生兴致盎然；有时语言饱含深邃的哲理，叫学生聪颖悟窍……总之，语文教学的语言富有情感性是它的特点。

教学过程中，感情是激励学生学习的起点，更是吸收知识、转化能力、陶冶性情、形成信念的终点，所以“情”是贯穿教学全过程的一根主线。运用教学语言激发学生的感情可从三个方面入手：

(1)诱发感情。教一篇课文，要研究一下从什么地方讲起学生最感兴趣，最能吸引他们，最快沟通他们的心理。诱发他们的感情，选好教学的突破口是关键。学生的感情萌发了，对所学课文就能产生强烈的学习欲望。

(2)激发感情。教学过程中，学生的感情往往是潜在的、内蕴的，需要教师用“动情”的语言传达教材动情的事件，让字字句句撞击着学生的心灵。教师要善于把自己体验过的感情传达给别人，而使别人为这些感情所感染，也体验到这些感情。

(3)触发共鸣。人因为某人某事的具体情境或具体情境的某一方面与自己所处的情境相同或相似，会产生感情的振动，进而引起与课文中的人物相类似的情感冲动，这种心理现象就叫做共鸣。触发学生的思想感情，使之与课文的思想感情一拍即合、感同身受、连类而及，产生强烈的共鸣，从而做到“融美于心灵”。

4. 机智性原则

教学语言的机智性是教师在教学实践活动中的一种随机应变的能力。课堂教学面对的是一个复杂的人——人系统，它充满变化和问题，任凭事先如何周密的设计，教师总会遇到许多新的“非预期性”的教学问题，课堂教学就会陷入困境或僵局，教学原计划就会被打乱。对此，造诣深、修养好的教师能表现出良好的教学机智，善于根据具体的教学情境创造性地实施教学艺术，由此形成优良的教学氛围。

【教例】钱梦龙老师教《故乡》时曾有这样一个片断：

生：跳鱼怎么会有青蛙似的两只脚？

师：是啊，鱼怎么会有脚？

生：有。

师：什么鱼？

生：娃娃鱼。

师：你真见识广。我想跳鱼也有两只脚。可是我没见过，你们谁见过？

生：(齐)没有。

师：可是少年闰土就知道，这说明什么？

生：闰土见识广，他“心里有无穷无尽的稀奇事，这是我们所不知道的。”

这是个成功的机智口语的镜头：学生突然提出“跳鱼怎么会有两只脚”的问题，偏离了原教学内容的中心。钱老师理性察辨后，及时调整了原教学计划，围绕“鱼脚”问题“宕开一笔”，训练学生的思维品质和人格品质；又随机提出“可是闰土就知道，这说明什么”的问题，及时收拢，丰富了教学内涵。

【教例】一位老师教《赤壁之战》，叫一名学生简单介绍作者。这位学生脱口而出：“作者是司马迁，宋代人……”话音未落，笑声四起，这位同学很难堪。待稍稍平息后，这位老师平静地说：“虽是一字之差，却让司马迁多活了一千多年，但这能全怪我们同学的错吗？谁让司马迁、司马光的名字只有一字之别；谁让他俩又都是史学家、文学家；谁让《史记》与《资治通鉴》又都是史学名著、文学名著；谁让我们刚刚学完司马迁的文章旋即又学司马光的文章？”

老师运用机智性的教学语言将学生的“错答”，适时“转移”，并稍稍铺陈化用，既给那位同学“解围”，使其转“窘”为安，保护和激发了学生的学习热情，又拓展了所提问题的文化层面。

（二）态势语言表达艺术

态势语是另一种教学语言。它运用手势、表情、动作等表达某种特定的意义，让人明了其义。它是教学口语的重要辅助手段，补充教学口语的不足。

语文教学中，运用态势语有助于形象直观地说明事物，有助于对学生进行无声的指挥和控制。例如，用眼睛扫视全班示意要安静；点头表示同意等。态势语可意会而不可言传，手势、走步、眼神、表情、点头、摇头、沉思、停顿、叹气等，表面上看来没有语言，但能表达语言所不能表达的内容。国外的心理学家把这种非语言因素的态势语称为意识信号。美国心理学家艾帕尔·梅拉别思经过多次实验，得出一个公式：信息的总效果＝7％的文字＋38％的音调＋55％的面部表情。①

可见，态势语对教学效果的影响是具有重要作用的。教学中，教师的认识、情感、意志和个性心理活动，包括教师的生理的能量等，凝聚在

① 闫祯．中学语文教学法新编[M]．武汉：华中师范大学出版社，2007.

态势语中，形成一种意识信号。教师在教学中所发出的意识信号是教师的思想观点、知识功底、教学技艺和整个身心能量的体现，当然给教学带来巨大的功能。态势语（意识信号）和教学的其他因素在一起，赋予课以艺术、生机和个性，使课堂教学升华到一种理想境界。正因为这样，任何现代化的“人机关系”也取代不了面对面的师生关系。听录音或看电视进行学习，无论如何没有教师面对面的教学效果好。

1. 态势语的表达方式

态势语的表达方式主要有三种：表情、指点和描划。

从表情来看，即运用面部的变化表达内心的某种思想感情。例如，用微笑表示欢喜或同意，蹙额皱眉表示愤怒、厌恶或反对。表情态势语虽多用于反射，但未经自己深思的表态，对别人的刺激作用也很大，所以运用表情要慎重。

从指点来说，指直接指点对象的态势。例如，指某个人说某个人的有关情况，指某事物说某事物的内容，增强直观感，使人便于接受和理解。指点态势语，只适用于视觉前后左右所涉及的范围中的事物和方向。超过了视觉范围，指点就失去了意义。

从描划来说，它可指划人或事物的形状，或借他物重要特征来表示，还可借适宜描划他方的行动来表示这方的事物。例如，用一只手支撑着头，两眼紧闭，表示睡着了；伸出大拇指表示大的含义、夸耀和赞许的意思，伸出小指头表示小的含义、藐视和轻蔑的意思，等等。

2. 态势语的表达技巧

教师在课堂上无论采取哪种方式与学生进行信息沟通，其目的都在于师生间信息的顺利传递，情感的及时交流，对课堂活动进行必要的调节，从而提高课堂教学的质量。而要达到这个目的，做到在课堂教学中灵活自如地运用态势语，应掌握以下技巧。

(1)心神合一、情绪饱满。要想使自己的态势语真正起到传情达意的效果，教师必须做到心到神到，情绪饱满，精神振奋，气势浑厚，态度端庄且和蔼，感情充沛又热忱。

在教学活动中，教师会经常产生诸如高兴、激动、愤怒、苦恼等不同情绪。当产生这些情绪时，面部、肢体就会发生各种各样的变化，如眼睛时而有神，时而黯淡；面容时而微笑，时而绷紧，时而皱眉等。学生透过教师的眼神、手势、体态和声调的变化，可以领悟、觉察到教师情感的变化。如果教师责任心不强，或缺乏教学经验，特别在遇到不愉快的事情时，必定会出现心神分散、情绪低落的表情，这就必然影响学生听课的情绪和求学的进取心，进而影响课堂教学质量。大凡有经验的教师都很重视运用表情的变化启迪、引导、感染学生。如提出问题后，轻轻皱眉，以示思索；当学生答非所问时，缓缓摇头，以表示有疑问；当回答令人满意时，轻轻点头，表示赞同；当学生一时不能回答，将手轻轻下压以示意学生坐下，表示尊重和爱护。恰当的态势语的运用必须建立在心神合一、情绪饱满的基础之上。因此，教师必须有乐观振奋的精神、饱满高涨的情绪、健康良好的思想，才能使态势语的运用充满感情，富于变化，以获得较好的教学效果。

(2)运眼传神、富于变化。“眼睛是心灵的窗户”，是人们交流信息、传递感情的主要工具。心理学认为，眼睛可以表达无声的语言，眼神里有丰富的词汇，往往比有声语言更富有感染力。

教师在课堂上要善于用眼睛“说话”“传情”“解惑”。一般来说，教师走上讲台，切忌匆忙讲课，可稍停顿片刻，用目光环视教室四周和全体学生，这样可安定学生的情绪，把学生的注意力吸引到课堂的学习上来。不论讲课、提问、解答问题，都要不时地环视前后左右，尤其是后排的左右两角，给予特别的关注。这样以目传神，促使学生专心听讲。当课堂上出现了小声议论和心不在焉、思想开小差或做小动作时，教师能及时发现，用目光告诫，使学生立即醒悟。师生关系在课堂上常常靠视线建立和维持，教师的眼睛看某些学生的频率，直接反映出教师对他们的爱。

因此，教师对偏爱的学生必须避免过多地顾盼，对不喜欢的学生或学习成绩差的学生则要经常交流。当某些学生回答问题准确时，教师可用赞许的目光以示鼓励；当某些学生精力分散时，教师可用皱眉、凝视、扬眉等以示提醒。要使学生振奋，教师要目光炯炯；要使学生改正错误，教师可目光严厉，透出责备。总之，教师要熟练地理解和学会运用眼神的变化，表达内心的思想、意图、情感及其他信息。

教师还要运用眼神进行反馈与教学调节。教师要善于借助学生的眼神来洞悉学生的心灵，寻找学生学习中的契机，作为教学的反馈。例如，当学生的眼睛总是凝视某一点时，说明学生的思想有可能开了小差；当学生面对提问坦然地望着老师，说明学生回答问题有些把握。在讲授中，学生眼带笑意，频频点头，说明学生对所讲内容理解了；如果皱眉，眼带困惑，说明有疑问，遇到了困难。教师要根据眼神反馈，发挥临场机智，及时进行教学调节，不要拘泥于既定教案。但是，教师的眼神要自然、亲切，讲究美感，眼睛转动的范围和频率都应合适。那种两眼盯着书本或教案，两眼只看前两排学生或少数学生，眼睛过分地左顾右盼、上下移动的做法，都是应该纠正的。此外，教师的目光还不能斜视、俯视和久视，因为斜视有“轻蔑”的含义，俯视有“傲慢”的内涵，久视有“憎恶”的味道。

(3)点头用手、恰到好处。头和手的使用也是态势语的重要组成部分。头和手的恰当运用，可以支持、修饰语言，表达语言难以表达的感情。可以表达肯定、默许、赞扬、鼓励、否定、批评等意图，配合语言使用，会收到很好的教学效果。

教师在教学中善于运用头的摆动表达意图，能给人一种亲切、含蓄、深沉、暗示之感。例如当学生回答问题正确时，教师可轻轻地点点头，以示肯定，否则，可摇头以示否定。点头可起强调作用、暗示作用和鼓励作用。即使不说话，学生也会领悟到其中的信息。因此，教师要善于控制和使用头部动作，尽量使头部的动作轻松沉着，头部动作的轻松沉着标志一个人心情的轻松愉快。即使遇到什么意外或不幸之事，也要尽量克制，不要出现头部痉挛运动。

手也是会说话的工具，教师要认真掌握运用手势或“手语”的技巧。手势在教学中的运用，可以使教师的主体形象更加鲜明，使有声语言更能传情达意，使学生透过视觉获得具体形象，增强美感。手势具有不同的含义，有情意手势，有指示手势，有形象手势，教师要区分手势的含义，加以选择使用。当然，教师的手势不宜过多、过碎，过多、过碎就显得繁琐，会压抑语言表述的作用。①

(三)板书表达艺术

教学板书是指教师根据教学的需要在教学用具(主要是黑板)上以书面语言或符号进行表情达意、教书育人的活动。它是教师进行教学的基本功之一。良好的教学板书，是一门独特的艺术。

在我国，利用板书进行教学始于 20 世纪初。1902 年颁布的《钦定

① 钱加清．语文课程与教学论[M]．济南：山东人民出版社，2008．

学堂章程》中已有“应备黑板”的规定。特别是《奏定学堂章程》颁布以后，各地相继“广学校”，把我国传统的个别教学形式改为课堂班级教学形式，开始使用黑板，教学板书遂应运而生。1912 年教育部公布的《师范学校规程》及《师范学校课程标准》都明确规定，要学生掌握“黑板写法”，并于 1914 年在《视察京师公私立各学校通告书》中对雏形的教学板书设计予以嘉许：“提示生字于黑板，俾各生轮认以引其注意，尚属得要。”此后，教学板书成为我国学校教学的重要手段，并一直延续至今。

1. 运用板书表达的基本要求

有些教师不讲究板书设计艺术，课前缺乏准备，上课板书时随心所欲：或随写随擦，毫无计划；或杂乱无章，不得要领；或忽大忽小，龙飞凤舞；或不留天地，不分起讫；或不著一字，空空如也。更有甚者，不讲笔顺，出现错别字，贻误学生。这些，都是对教学不负责任的表现，作为语文教师，必须重视板书，讲究板书艺术，发挥板书的教学作用。

第一，板书要合理布局，条理清晰。

教师板书要合理布局。教师一开始板书时，就应对板书的整体作好周密考虑和设计，力求整洁美观，其位置选择在黑板的中央偏上部位，或者光线较好、全班学生都看得清的地方。一块黑板犹如一张长方形大纸，应有天头、地角之分。天头正中书写讲课的课题，然后从上至下工整书写，地角略有空余，不应写满，一是教师书写不便，二是讲台所挡学生看不见。一块黑板又好像一幅长方形画轴，板书时从左至右顺势展开，其间可分为左、中、右三个部分。一般说来，左边板书时代背景、作者简介、正音辨字、新的词语，中间板书作者思路、文章结构、重点难点、中心要点、写作特点，右边板书重要的语文知识、陌生字词、添加补充、布置作业。

第二，板书要抓住中心，理清脉络。教学板书不能无重点地整板整板地写，让学生整板整板地抄，使学生领会不到重点。教师对板书研究思考，一字一句都有明确的目的性，体现教学意图。

第三，板书要深入浅出，直观形象。就是为了要去粗取精，教师才设计板书，把课文复杂的内容变成简明扼要的语言。板书必须深入浅出，便于学生接受。另外，还要形象，一是吸引学生的注意力；二是形象的东西便于学生留下深刻的印象。

第四，板书要书写规范，示范性强。书写规范是指粉笔字工整、笔顺正确、结构均匀、大小适宜。板书的书写是教师的基本功之一，如果教师经常写错别字，或者倒拉笔顺、字形拙劣、纵横排列歪斜、版面不洁，这不仅有损于教师的形象，而且会影响课堂气氛和效果。

2. 运用板书表达的艺术方法

朱绍禹先生指出："板书能点睛指要，给人以联想；形式多样，给人以丰富感；结构新颖，给人以美的享受。"那么，如何表达才能使板书图示具有审美价值，又便于学生掌握课文内容呢？总结语文课堂教学实践，得出以下方法。

(1)提纲式板书。根据文章体裁，或按情节发展顺序，或按文章线索推进，或按论证层次等特点紧扣文章的关键、要点，进行板书表达。这种板书提纲挈领，帮助学生理清课文的思路，整理自己的思维。根据不同的教学需要，有不同的提纲。

段落提纲——依课文内容，把课文划分成若干段落，用简练的语言加以概括，分条写出来。

人物分析提纲——从人物的外貌、语言、行动等不同方面列出提纲，对人物形象进行分析，做出准确的评价。

景物描写提纲——根据教学要求，把课文景物描写的部分，用精要的文字概括出来，使学生认识到景物描写的方位、层次性以及作用。

情节提纲——按照故事的发展过程，依情节的开端、发展、高潮、结局等阶段，列出提纲，帮助学生熟悉课文，理解课文，理解情节的意义和作用。

(2)对比式板书。将教学内容相互对立、彼此对应的两部分集中在一起而设计的板书。这种板书可使相关教学内容形成鲜明的对照，使学生清晰地看到其间的区别与联系。

第二节 中学语文教学的主要艺术风格

风格"是艺术所能企及的最高境界"。"艺术风格是教学过程中体现教师个人特点的风度和格调，是教师教学思想、教学艺术的综合表现，具有独特性和稳定性。教师教学的独特风格，可给学生留下深刻印象，影响教学效果,对学生各种心理品质的发展具有潜移默化的作用。”教学风格是教学艺术个性化的集中体现,是教学艺术的升华,是优秀教师的教学走向成熟、臻于完美的重要标志。所以,我们在教学过程中要建树自己的风格,或风趣幽默,或妙语连珠,或旁征博引,或深刻精辟,或手段多变。

语文教学风格的形成是一个长期的过程,必然要经过一个艰苦探索、不断完善的过程。研究语文教学风格的成因,可以从不同的视角来认识与把握。刘勰住《文心雕龙·体性》中写道:“夫情动而言形,理发而文见,盖沿隐以至显,因内而符外者也。然才有庸俊,气有刚柔,学有浅深,习有雅郑,并情性所铄,陶染所凝,是以笔区云谲,文苑波诡者矣。故辞理庸俊,莫能翻其才;风趣刚柔。宁或改其气;书义浅深,未闻乖其学;体式雅郑,鲜有反其习;各师成心、其异如面。”这里,刘勰认为作家的风格是“才”“气”“学”“习”等因素形成的。

关于文学风格的分类,我国古代的文艺理论家们有不少创见。刘勰在《文心雕龙·体性》中将文学风格归为“八体”:“一曰典雅,二曰远奥,三曰精约,四曰显附,五曰繁缛,六曰壮丽,七曰新奇,八曰轻靡。”晚唐司空图的《诗品》则将诗的风格列为二十四品。在当代文学批评中,对作家风格亦有精妙的概括。“郭沫若文章,气势磅礴。茅盾笔触,细致入微。老舍诙谐,巴金缠绵。周扬明哲,赵树理喷发着泥土气息。郑振铎渊博,冰心慈爱,张光年热情澎湃,方纪潇洒流畅,袁水拍机智,康朗甩华美如西双版纳的孔雀。”

从古人与前辈关于文学创作风格的理论来看语文教学的风格,我们可以得到很大启示。依据语文教学自身的特点,分析其风格,则教师在课堂上的谈吐、风度,教师表现出来的涵养、气质,教师对教法的选择、教学语言的运用,教学时师生关系的形态性,都可以作为分析语文教学风格的着眼点。语文教学风格的类型千姿百态,异彩纷呈。

一、激情型

“登山则情满于山,观海则意溢于海。”这是一种艺术化色彩尤其是情感色彩浓郁的教学风格。属于这种风格类型的教师往往情感丰富,语言优美,具有良好的文学素养。在这种风格类型的课堂上,或伴有教师声情并茂的朗读；或听到教师饱含深情的讲述；或看到情景交融的美丽画面……学生在教师创设的情感氛围中，经历了“感知—感染—感动”的情感历程，与教者、作者及课文中人物形成情感共鸣，他们吮吸着知识的琼浆，并受到情感的陶冶，得到美的享受。

二、谨严型

这种风格往往出现在长于逻辑思维的教师的课堂上，教学内容精确，结构严谨，层次分明；教学语言准确、精练、逻辑严密。属于这种风格的教师注重教学程序的科学性，组织学生按照严格的程序进行训练活动，使学生在严格而有序的训练中提高能力，并养成良好的学习习惯和思维严密、表达精确的语言品质。有的教师在指导学生阅读时，就借鉴国外 SQ3R（浏览—提问—阅读—复述—复习）读书法，把读书过程规格化，制定切合实际的规格，对学生进行严而有“格”的训练，使得学生读有其法，思有其序。例如，钱梦龙老师教学《中国石拱桥》，首先，引导学生细心阅读，认真思索，得出关于说明事物的三个结论：说明事物一要注意顺序，二要抓住特点，三要用词准确。从个别现象中概括出来普遍性结论，学生在教师引导下受到了一次归纳思维的训练；接着，引导学生进一步阅读课文，从而对求得的三个结论进行检验、印证，对学生进行演绎推理的思维训练。教学过程环环相扣，层层推理，学生既把握了说明文的特点，同时又受到了良好的思维训练。①

三、睿智型

属于这种风格的教师，十分重视教学过程中创造性思维能力的培养。问点的选择、问题的解析、教法的运用、教学结构的安排，常常是新意迭现，出人意料，体现出创造性教学的活力。宁鸿彬老师的教学注意训练学生的求异思维能力，体现了他教学设计上和对教材理解上的新意与深度。譬如，在课堂上，宁老师安排学生用“敷衍了事”造句。当第一个同学造了“小丽有个坏毛病，就是不管做什么事情都不认真，敷衍了事……”这样一个句子后，宁老师说：“敷衍了事”是贬义词，采取否

---

① 邵红立．中学语文教学实践研究[M]．成都：电子科技大学出版社，2015.

定说法无疑是正确的。请同学们打开思路，想一想使用这个成语时能不能反其意用之，不再采用否定说法，而是采用肯定说法呢?”学生争着发言，教师相机诱导。教师最后告诉大家:“一个贬义词要反其意用之，需要创造性地进行思考。怎么思考呢? 当然按照习惯性的思路去考虑是不行的，而需要打开思路，从特定的时间、特定的处所、特定的人物、特定的事件等方面，去寻找特定的条件。特定的条件具备了，反其意用之就有了可能。”

四、博雅型

具有这种风格的教师，大多学养深厚，上课时课内知识与课外知识巧妙结合，融会贯通，他们多注重讲求内容的丰富性，善于纵横比较，旁征博引，语言畅达，居高临下，潇洒从容，显出一种大将风度。如有的教师教《守财奴》，引导学生分析从作者赞颂葛朗台之妻恬淡、隐忍、崇高、洁白的基督精神来看作者世界观的局限时，注意多方引证，透彻分析，使学生进入更高境界:“巴尔扎克是虔诚的基督信徒，他认为基督精神能改革时弊，要人们忍受苦难不要斗争，这与马克思提出的阶级斗争学说相悖。用托尔斯泰进行类比。托尔斯泰既是‘俄国革命的一面镜子’，又是‘一个发狂地笃信基督的地主’(列宁语)。列宁一方面赞扬他是‘一个天才的艺术家’‘创作了世界文学中第一流的作品’，另一方面，批评他是‘一个颓唐的、歇斯底里的可怜虫’，他‘鼓吹世界上最卑鄙龌龊的东西之一，即宗教，培养一种更精巧的因而是特别恶劣的僧侣主义’。”①

第三节　中学语文教学备课艺术

对一节课内容的全面掌握、理解是备好一节课的基础，但要备好一节课这只是开始，我们还要抓住重点、把握难点、找出关键，并针对学生采取适当方法等等。

---

① 闫祯．中学语文教学法新编[M]．武汉:华中师范大学出版社，2007.

一、备重点

备课时也绝不可以平均使用力量，应根据不同情况区别对待，有所侧重，也就是说要重点做好“备重点”这项工作。备课时确定重点的一般标准有三条：(1)基本概念；(2)基本理论；(3)基本方法。这里所说的确定重点的三条一般标准比较原则，备课时应结合教材的具体教学内容，如语文教材某篇课文中的“画龙点睛”之处(某句“点题句”)。具体到某一课时，则是指本堂课着重要解决的某一问题，如传授新知识课，要把主要精力放在系统介绍教学内容，并把其中的要点阐述清楚；而习题讲评课，则应把重点定在着重剖析大多数学生普遍容易做错习题的原因上面。

教材重点是就教材的具体内容而言，一般地说，对学习教材中其他内容能起到举足轻重作用的知识点便是教材重点。如前所述，教材中各个知识点在整册书中所占的地位是不一样的；有的重要些，占的篇幅也多些；有的次要些，占的篇幅也少些。而教学重点则是指那些在课堂教学过程中需要教师着重讲解，要求学生听课时(学习时)特别加以关注的知识点。

二、备难点

教材中的内容有难有易，每节课的内容也是有难有易。所谓难点，是指那些大部分学生所难以较快较好地理解、掌握和运用的知识、比较复杂的技能和比较生疏的技巧。具体地说，对学生而言，通常比较抽象的知识、比较复杂的问题及表面相似、容易混淆的内容都是难点。教师备课时对难点首先自己要理解透彻，同时要从学生的实际可接受程度出发，着力化难为易；对于比较抽象的知识，应当配备生动形象的例子来解释；对于比较复杂的问题，应当通过多层次的分析来化解；对于表面相似、容易混淆的内容，应当用比较的方法指出它们之间的异同。①

① 邵红立．中学语文教学实践研究[M]．成都：电子科技大学出版社，2015.

三、备关键

“关键”，本是两个词——“关”和“键”。据《辞海》释义，“关”的本义是门闩，“键”的本义是门闩、锁簧，因此，“键”也可解释为钥匙，现在合成为一个词，意思是“事物最关紧要的部分”。“备课备关键”中的“关键”有两方面的含义：一是指教材内容的某一个“关节处”，如果在这个地方“卡住”了，便不能迅速、正确地理解整个部分内容的意思；二是指在课堂教学进行过程中某一至关重要的环节（或是教学方法转换之时，或是学生听课情绪起伏之际），如若处置不当，则会影响课堂教学活动的顺利进行。

根据“备课备关键”所包含的两个方面的含义，要真正做到“备好关键”也必须从“教材内容的关节处”和“教学进行过程中至关重要的环节”这两个方面去考虑。

对于备“教材内容中的关节处”，教师首先应当把握某一教学内容的整体意思，根据具体的教学要求看其中哪一处具有“如果不弄懂这些知识则会影响学生学习这一教学内容中的其他知识”的特征（先看重点、难点，也可能不是重点、难点）；然后自己加以分析，注意找出这些知识在联系上下文和联系新旧知识中所起的特殊作用，以供课上要求学生注意“关节处”时用；接着再利用教学参考资料和自己平时积累的教学经验，对“关节处”作一番化难为易的工作（如准备一些生动形象的例子，用学生容易理解的语言加以阐述等），只要求学生必须理解掌握的“关节处”清晰地凸显在他们面前；最后还应准备一些让学生课后练习、“消化”用的思考题，以促使他们牢固地掌握这些内容。①

对于备“教学进程中至关重要的环节”，一是要注意从整体上加以把握（整堂课准备怎样上，其中特别要学生注意的是哪一个环节），以促使学生了解这一环节的重要性之后，能加以特别关注；二是当这个环节出现之前要有铺垫，要作适当的提示（如教师讲某一例题，整个运算过程写在黑板上之后，要着重分析不同的解题途径及从思维方法角度分析，因为不少学生只会用传统的固定模式，解题之前就要作必要的说明）；三是

① 张鸿苓，张锐．中学语文教学[M]．北京：光明日报出版社，1987.

估计上课时会出现不利于教学过程顺利展开的局面，事先应仔细分析原因（其中主要是学生的心态、情绪等），准备一些切实可行的具体措施，以避免尴尬场面的出现（如组织学生进行课堂讨论时，就要抓住如何避免出现"有些学生或可能不发言，或'开无轨电车'"的场面这个至关重要的环节，着重准备如何召集各组组长会议的有关内容）。

第四节　中学语文教学授课艺术

一、课堂结讲

课堂的结讲是每堂课的重要环节。在一节课将要结束的时候，教师要组织全体学生或对本节课的结构、内容要点作小结，或对课文的结构、中心、写作方法作小结；有时还要以此为基础作延伸，对学生进行联系实际的教育；同时，还要安排练习，布置作业。目的是帮助学生巩固记忆和运用所学知识，培养能力，使之受到感染和教育，激发继续学习的兴趣。如果把一堂课比做一场戏，"开场戏"固然有抓住观众的作用，而"收场戏"更有独特的功效。优秀的语文教师都十分重视课程的结尾，认为一堂课应是"凤头、猪肚、豹尾"。所以语文教学过程的艺术不仅要求导入引人入胜，中间高潮迭起，而且要求结讲更加精彩、画龙点睛，余味无穷。

（一）结讲的几种方法

常见的结讲艺术方法主要有以下几种。

（1）评论法。结尾时，在对课文主旨进行概括、提炼的基础上，再对课文的内容或写法的某一方面进行评论。采用评论法结尾要注意评论恰到好处，实事求是，不可随意夸大或缩小。以下两种类型的课文可考虑用此法。一是课文内容具有较强的历史意义或现实意义，或写作方法具有突出的代表性或特殊意义。如范仲淹的《岳阳楼记》一文，不仅所绘之景令人心旷神怡，而且闪烁其间的"先天下之忧而忧，后天下之乐而乐"的伟大思想光照后人。结讲时可引导学生进行评论，以增强青少年的使命感、责任感和民族自尊心，树立振兴中华民族的理想和抱负。由于课文内容精华与糟粕、积极意义和消极意义并存，教师还要联系具体历史背景及作者的创作思想，坚持用历史唯物主义和辩证唯物主义观点加以评论，以去伪存真，击粗取精，提高学生的识别鉴赏能力。如《促织》一文，反映了统治者的昏庸和腐朽，表现了作者对人民的同情，这是作品进步的一面。但是带有迷信色彩的超现实的情节的运用，不能不说是作者思想认识的局限。在结讲时，教师可作评点。运用评论法，有助于学生全面、准确地把握课文内容，并有助于培养学生善于思考、大胆质疑的创造精神。①

(2)练习法。上完新课，布置适当的练习让学生做，以检查他们对所学内容掌握的情况，及时发现和解决问题。复习、巩固所学知识，并做到举一反三，触类旁通。例如，教学《周总理，你在哪里》以后，可进行小组、个人朗读接力赛，一方面诱发学生的竞争心理，另一方面通过朗读更加深了对诗的理解，并训练了学生的朗读能力。教学《变色龙》时，课尾可设计口头作文练习：警官奥楚蔑洛夫“处理”了“狗咬人事件”后，迎面遇到了将军的哥哥——狗的主人，他将会有一番什么样的表演呢？这样，既了解了学生对课文人物的把握情况，同时，又训练了学生快速思维能力，口头表达能力。运用练习法结讲，一方面要抓住重点和关键问题精心设计练习，另一方面要恰到好处地启迪和引导。

(二)结讲遵循的原则

要使结讲在学生的头脑中留下美好的印象和收到极其良好的效果(既能使他们得到愉悦无比的美感享受，又能使他们产生更为强烈的求知欲望)，必须遵循以下三条原则。

1. 完整性

要对整堂课的内容作简要的归纳，勾画出一个大致的轮廓(有时可结合板书进行)。这样收尾有利于学生对本堂课基本内容的理解和记忆。收尾切忌丢三落四、残缺不全，以至于学生下课时稀里糊涂，不知道本堂课哪些内容是必须要深刻理解和牢固掌握的。如有教师在上《白雪

---

① 朱绍禹．中学语文课程与教学论[M]．长春：东北师范大学出版社，2006.

歌送武判官归京》时是这样结束的："这首咏雪送别诗，前十句从不同侧面写雪，后八句写雪衬托送别，送别中又描写雪景。诗在咏雪景的同时表现了雪中送友的真挚情谊，还传达出诗人独特、奇妙的感受，意境鲜明壮伟，具有极强的艺术感染力。"既高度地概括了该诗的主要内容，同时对于它鲜明的艺术特色也做了凝练的总结。

2. 针对性

收尾当然要注意"完整"，要回顾这堂课的整个教学进程，但并不是说不分轻重主次地把这过程平铺直叙地复述一遍。收尾要针对学生听课的实际情况，要突出重点。这里所说的"突出重点"，包含两个方面的含义，一是要突出要求学生本堂课必须掌握的那些最基本的教学内容（要求他们一般了解的内容，可以"一句带过"）；二是要突出那些在教学进程中大部分学生理解较为困难的地方，这样收尾能加深他们对重点内容和难点内容的理解。如，有教师在讲授《不求甚解》时是这样结束的："由此可见：读书方法没有一定之规，主要看自己的习惯和文章内容。本文主要是为了反驳对方而说的一种读书法，不是说凡是书都要用'不求甚解'法来读。"这就主要通过针对本文学习的重点——读书方法来结束新课。

3. 启发性

收尾时教师用概括的语句把本堂课学习的主要内容加以归纳整理，以帮助学生更好地理解和掌握这些教学内容当然是很有必要的，然而仅仅做到这一点还是很不够的。好的收尾应该是富有启发性的：教师不但把结论告诉学生，更要让学生了解和掌握得到结论的途径和方法，以便他们今后在学习类似的知识时能灵活加以运用。有教师在教《爸爸的花儿落了》这篇课文时，是这样结束的："学完文章我们知道，主人公英子带着悲哀告别了童年，但此时的她已经长大了，敢于面对一切苦难和挫折。而当我们告别童年时，你将会发现，终将有一天，爸爸的花儿落了，而'你'已不再是小孩子，你也会不得不告别一些人，一些事，一些关怀，一些爱，你也将会独自面对很多挑战和挫折，而届时你们会如何去做呢？"这也是一种启发，但不是知识或方法的启发，而是情感的启发。

二、课堂教学中的节奏

我国古人曾精辟地指出："文武之道，一张一弛。"在这一定程度上揭示了事物有节奏发展的普遍规律，所谓抑扬顿挫、轻慢徐疾、阳刚阴柔、参差错落等这些词藻，不仅具有一般的美学含义，表现了一般的美学法则，而且也包孕着事物发展的一些固有属性。万事须有节奏，这是亘古的真谛。课堂教学自然也必须遵循节奏规律，塑造节奏美感，以提高教学质量。

（一）课堂节奏安排需要考虑的几个因素

（1）考虑授课内容因素。上课时，课堂中教学的内容本身是具有一定的节奏感的。一般内容、重点内容、难点内容和关键之处，针对这些内容教师在组织课堂教学时不应平均用力，而应对一般内容做简明扼要的介绍，对重点、难点及关键之处作较为详细的阐述并加以强调，这样就很自然地形成了节奏。

（2）考虑教学过程因素，一堂课至少应包括这样三个阶段：导入（讲些"开场白"）、教学目标的完成（这是占时最多、最为重要的阶段）和收尾（做些概括加以小结）。其中教学目标的完成阶段根据不同的教学目标和教学内容又可采用多种教学方法（如教师系统讲述、教师问学生答及先让学生预习或讨论后再讲或者集体探究等）来进行教学活动。①

（3）考虑学生心理因素。不管是小学生，还是中学生，他们都不可能整堂课自始至终高度紧张地投入到高密度的教学活动中，如果没有适当的放松，参与不了半堂课便会产生疲倦的感觉；而如果富有变化，节奏感较强，那么学生即使较长时间专注在教学内容上，也不会觉得吃力。因此，教师在组织课堂教学时一定要十分注意节奏，以便让那些课堂上组织学生学习的内容极其鲜明、深刻地留在他们的脑子里，整个教学过程紧张与松弛多次交替出现，使得他们大脑皮层的"兴奋灶"不断转移和交换，思维态势持续保持最佳状态，从而能轻松、愉快地理解和掌握教学内容。

---

① 邵红立．中学语文教学实践研究[M]．成都：电子科技大学出版社，2015.

(二)把握几个方面课堂节奏

(1)要注重把握整节课的课堂节奏。教师在组织每节课教学时要保持恰当的节奏。所谓“恰当”,指的是这种节奏要适合全班大多数学生的心理,紧张和舒缓交替出现;既要使学生的注意力高度集中,让他们参与起来毫不费力,又不至于因神经持续高度紧张而引起过分疲劳,对学习活动产生厌倦心理。教师在授课刚开始时定好“基调”(视本堂课的教学难度而定,内容简单可紧凑些,内容复杂可舒缓些)很重要,但同时也应该注意随着教学活动的进行,根据变化着的具体情况随时加以调节(如有些内容虽较复杂,但由于教师准备充分、学生全神贯注而进行得比较顺利,则节奏可紧凑些)。

(2)要注重把握授课内容的节奏。包括教学内容的详略、多寡、取舍、分布等等,即语义信息的含量和流速。在一定时间内,学生的大脑运动机制能力是有一定限度的,学生的理解和吸收能力也是有限的,而且在不同的生理、心理曲线上,其兴奋中心也是不同的,因此,这种语义信息量的多少和流速的快慢,必须要与之相吻合。于是,这就要求教师对教学内容不能原样照抄照搬,而要根据上述要求,进行合理的有机的再创造,使教学内容的语义信息流动节奏,与课堂教学的外部形式口语、书面语等的节奏完美结合,以符合学生的兴奋中心运动规律,有经验的教师总是会根据学生的实际情况,对教学内容进行剪裁与安排,调整顺序,做到由浅入深,在认知需要上合乎学生的思维规律;由易到难,在心理上也合乎学生的接受习惯;由快到慢,在节奏上又合乎学生的审美体验。这样,既增加了学生学习的信心和兴趣,又为前后两部分教学内容的节奏寻觅到了一个和谐的音阶,并为学生的审美需要搭起了一座心理的彩桥。

(3)要注意把握授课速度节奏。授课速度的快与慢,也对节奏感的形成有着较为重要的影响。教师的授课速度通常有两种不良倾向:一种是进程太快,不考虑学生学习时注意力集中的实际情况和可接受程度,自顾自地把准备好的内容“连珠炮”般地发出,弄得学生晕头转向,不能很好地理解和掌握教学内容;另一种是进程太慢,对大部分学生很容易理解的内容不停地重复(繁琐地说明、重复地讲解),弄得学生心烦意乱,感到“味同嚼蜡”,毫无兴趣可言。好的授课节奏应该是快慢交替、富有动态变化的。一般说来，授课速度快与慢，要根据学生注意力集中情况而定：他们的注意力较为集中（对教学内容比较感兴趣）时，可适当放慢速度，对教学内容做较为深入的探讨；而在他们的注意力较为分散（或将要分散）时，则应适当加快速度，以吸引他们对教学内容的注意。学生在学习活动中思维的"张"与"弛"，也对节奏感的形成有着相当重要的作用。所谓"张"，即是紧张，指教学过程到了高潮阶段时，学生的思维状态处于最紧张、最兴奋的状态。在这种精神状态下，学生能既迅速又准确地掌握知识与技能。所谓"弛"，即松弛，一般是教学过程处于休整、停顿阶段时，学生的思维处于相对舒缓、不那么兴奋的状态。在这种状态下，他们会有时间对教学内容进行思考和回味，这对更深刻地理解教学内容是很有好处的。①

（4）要注重把握授课语言节奏。语速、语感、语言本身都是语言节奏的要素。抑扬顿挫，激情洋溢，平铺直叙，言简意赅都可运用到语言节奏的调控上。教师可以根据教学内容，课堂结构的具体需要来加以确定。

（5）要注意把握书面语言（板书、板画等）节奏。讲述是教师用字音说话，板书、板画、影像则是用字形、图形、影像说话，也都同样存在着节奏的处理问题。板书、板画是一种视觉语言符号，动漫是视觉与听觉结合符号。它除了要动用人的大脑思维等系统外，还要使用人的其他动觉系统——眼、手、耳等才能出现语义信息的传送，因此，它传输速率是比较缓慢的。所以，在一堂课里，对影像，尤其是对板书、板画本质的处理、安排，要有一个合理的层次节奏。一般说来，在课堂审美中，学生最忌一抄就是一大片，抄写时间过长，容易使学生疲乏，产生厌倦情绪。因此，在板书、板画的处理上，应注意层次分明，重点突出，能少写的绝不多写，并根据课堂教学内容和教学结构的需要，让板书、板画分层次、有节奏地出现，并注意板书、板画和口语交叉处理，同时进行的"交叉节奏形式"，其审美效果也是独具优势的。此外，板书在讲究字迹工整、美观，行列安排适当的基础上，还要注意书写的速度即节奏问题，教师的板书速度应该略快于学生书写的速度。否则，就会使学生产生"延长视听"的感觉。让学生处于写—等待—写—等待……这样一种节奏中，在生理和心理上形成不和谐的循环。

总之，课堂教学的节奏美，可谓无处不在，无时不有，教学重点突出，

① 王昱华，徐洪岩．中学语文教学探索[M]．成都：电子科技大学出版社，2015.

详略得当，活动循序渐进，由浅入深，过程张弛有度，动静结合，环节过渡自然，层次分明，教师字字珠玑，起伏有致，疏密相间的课堂结构，启发诱导，虚实相生的教学方法，教学内容内在的科学性，与教学外在表达的形式构成的艺术等等，均是课堂教学节奏美与艺术美的集中体现，是课堂教学生动、高效的“催化剂”。

第五节　中学语文教学课堂组织调控艺术

一、课堂讨论指导

（一）选定课堂讨论题目及几项准备工作

与课堂讲授相比，课堂讨论有利于发挥每个学生的主动性和积极性，因为讨论活动是以学生为主体的，参加活动的每个学生都有表达自己见解的机会，同时每个学生又都要认真听取其余同学的发言，以随时得到反馈信息，及时调整自己的观点。然而同时应该清楚认识到的是：教师在学生讨论中起不可缺少的、至关重要的作用，因为学生进行讨论，并不是他们自发的行动，而是在教师的具体指导下进行的，要使课堂顺利进行并取得较大的收获，教师应在学生讨论开始之前，做好多项准备工作。总而言之，既要“务虚”，又要“务实”。先说“务虚”：一要想方设法创造符合教学目的、要求的条件和环境，以使学生开展积极的思维活动；二要有意识地、坚持不断地培养和提高学生的“讨论素质”，如怎样由概括的语言准确地表述自己的观点，怎样组织运用充分而又有说服力的材料来证明自己的观点，反驳不同的观点，要以理服人，不要“戴帽子”、“打棍子”等等。再说“务实”：教师在讨论前除选好题目外，还应该注意两点：一是在各个小组中安排一两个学生作中心发言（可以是组长，也可以是组员），这样避免在开始的时候出现冷场和你推我让的局面；二要事先召开一次各组组长会议，教师告诉他们应如何紧扣教学内容和教学目的的要求组织好讨论，特别是应该教会他们在其他同学不发言或“乱发言”

(开“无轨电车”)时怎么办。[①]

(二)做到“分散为主、集中为辅”

以学生课堂讨论为主,题目已经选好,在讨论正式开始之前“务虚”“务实”两方面的工作教师已经准备就绪,接着要注意的就是如何具体组织和如何合理分配时间了。

要使以学生课堂讨论为主的课取得较为理想的教学效果,在组织形式和时间分配方面,均应做到“分散为主、集中为辅”。要使以学生讨论为主的课真正做到“分散为主、集中为辅”,应注意以下几点。

一是每个讨论组的人数不宜过多或过少,以七八个为宜(人数过多会使有些学生失去发言的机会,人数过少则不利于“集思广益”)。

二是集中时间不宜过长,以保证学生有充分的时间对教师选定的题目进行深入的讨论,通常分散讨论的时间应占总的教学时间的 2/3 以上。

三是组织形式要灵活多样并富有变化,要有分有合,既要有小组讨论,也要有大组交流(如有需要听取两组的不同意见,也可将两组临时合并)。

四是教师要把握好指导的良机,以使讨论的质量提高,不但在集中时归纳各种不同观点,明确告诉学生正确的答案,而且在学生讨论“出轨”时及时加以“轨正”。

五是教师的指导要精准和恰当,无论是在参加小组讨论时发表意见,还是最后的集中讲评,都应简明扼要,切中要害之处,而不应“喧宾夺主”,占据过多的原本属于学生讨论的宝贵时间。

三、课堂表扬

(一)表扬要适时和表扬要因人而异

课堂表扬是实现教学目的和完成教学任务不可缺少的一种手段,但要达到预期的目的和收到上佳的效果,教师实施时必须十分讲究艺术性。这里所说的“艺术性”,除了“独特而富有魅力”这一含义外,还

① 邵红立.中学语文教学实践研究[M].成都:电子科技大学出版社,2015.

有“表扬要适时”的意思。“表扬要适时”中的“适时”当然有“及时”的意思，但又不是简单地等同于“及时”；“要适时”要求教师要了解课堂教学活动进行到哪一个阶段、在哪些场合，最适合使用表达这种教学手段，要善于抓住最佳时机实施表扬（这里包含两层意思：一是在其他阶段、其他场合，表扬不如此时、此处效果好；二是使用任何其他种种教学手段均比不上表扬来得管用）。在课堂教学活动中，下列几种情况是应该表扬的。①

（1）学生能很好理解时（无论是正确理解教学内容，还是正确理解教师的教学意图）——此时表扬能培养他们思维的正确性。

学生的正确思维（包括思维内容和思维方法）因得到了老师的肯定而受到了鼓励和强化，这必将使之在以后的学习活动中得到很好的发挥。例如：在学习《边城》时，有学生引用流行歌曲“走近你我就走近痛苦，离开你我就离开幸福”来解释小说所表现的两难爱情。教师及时给予表扬，学生的思维的热情无疑会得到更大的激发。

（2）学生很快理解时（无论是对教材有一定难度的教学内容，还是正确地理解教师的教学意图）——此时表扬能培养他们思维的敏捷性。学生的反应的敏捷程度虽说跟遗传素质有关，但主要还是要通过后天的实践（其中容易见效的是得法的教育）得到提高的，教师的适时表扬能加快提高的速度。

（3）学生能深刻理解并发表自己的独特见解时（只要有一定的见解，有一定的独创性，哪怕这种见解还不够严密，甚至还存在有失偏颇之处）——此时的表扬尤为重要，能培养他们思维的独创性。学生的独到见解受到老师的好评，学生独立思维的行为受到教师的赞扬，久而久之学生会从教师的好评和称赞中得到鼓励和启迪，会逐渐养成时时处处独立思考的良好习惯。

表扬要因人而异，这是“因材施教”的一种具体的表现形式。孔子的两个学生问同样的问题：“听到了符合‘义’的事应该立即去做吗？”孔子对子路说“有父兄在，怎么能冒然去做”，而对冉有说“应该立即去做”，其高明之处是在于根据不同对象的特点做出了不同的处置（“由也兼人，故退之”；“求也退，故进之”）。教师在课堂教学实施表扬时不妨学习孔子的这种做法。一般来说，“好学生”受表扬的机会比其他学

① 王昱华，徐洪岩．中学语文教学探索[M]．成都：电子科技大学出版社，2015.

生要多一些，但教师实施表扬时也要根据不同的具体情况加以区别对待。“好学生”有两种类型：一种是学习态度认真，考试成绩好；另一种是脑子特别好使，但不太踏实。对此，教师表扬的重点应有所不同。对前者，在表扬其态度认真的同时应要求他们拓展思路，注意灵活性。“差学生”也不总是与教师的表扬无缘的。只要教师不带有色眼镜看他们，他们身上的闪光点也会发光的。不要对他们求全责备，而应当尽可能“择其善者而扬之”。只要他们的见解之中有一点可取之处，只要他们有一点进步，都应当郑重其事地加以表扬。曾经有一位学生抄袭作文，屡禁不止，他的老师为了改掉他这一毛病，没有对他进行责骂和斥责，而是对他提出了“表扬”。这位老师从抄袭作文的事上，肯定了学生的三个优点：一是有上进心，想得个好成绩；二是有辨别力，看出这是一篇佳作；三是抄写认真，字迹工整。同时，这位老师还不失时机地启发学生说：“你为什么认为这篇文章好？好在哪里？请把你感受最深的地方写出来，好吗？”表扬学生，赞赏学生，用放大镜来关注他的优点，并公布于众，从而激发他的自尊心和自信心，转化他的缺点，这样的教育手段可谓是高明之极。①

显然，有针对性、因人而异地进行表扬，比起笼而统之地只表扬成绩好的学生，效果要好多了。

（二）表扬要面对全体学生和表扬要适度

课堂表扬不但是一种行之有效的教学手段，更是一门极具魅力、能吸引学生全神贯注于学习内容的艺术。教师具体实施时，艺术性越强，教学效果越佳。这里很重要的一点是要处理好点和面的关系。即不但要使受表扬的学生得到鼓励，使其学习兴趣和积极性得到加强，而且要让没有受到表扬的学生同样也得到鼓励，也能激起他们浓厚的学习兴趣。

课堂表扬这种教学手段运用得恰当，毫无疑问，对提高课堂教学质量有着十分积极的作用；但如果运用不当，非但不能产生任何作用，而且还会带来相当消极的负面影响。这里要注意一个度——表扬要适度，而不可滥用，这是课堂表扬必须遵循的一条重要原则。课堂表扬要合理，

① 邵红立．中学语文教学实践研究[M]．成都：电子科技大学出版社，2015.

表扬时要说明原因，要让学生知道什么样的言行最容易得到老师的表扬。对于学生的言行，只有的确有需要时才加以表扬；应该表扬到什么程度，就表扬到什么程度，绝不可任意拔高。合理的表扬能给学生树立看得见的、能仿效的榜样，这种榜样的力量是无穷的；而过度的、不合理的表扬往往会事与愿违，或者因时机不当中断教学活动。[①]

① 刘永康，翟启明．中学语文教学论[M]．成都：天地出版社，2001.

参考文献

[1]柏章发.心理学与中学语文教学[M].成都:四川大学出版社,2017.

[2]冯东黎,罗维希,李艳飞.中学语文教学论[M].成都:四川大学出版社,2019.

[3]高培全.中学语文教学探析[M].西安:陕西人民出版社,2005.

[4]郝丽琴.中学语文教学设计与案例分析[M].合肥:安徽大学出版社,2015.

[5]贺卫东.中学语文教学案例研究[M].西安:陕西师范大学出版总社,2019.

[6]巨瑞娟.中学语文阅读教学探微[M].银川:宁夏人民教育出版社,2016.

[7]刘鸿庥.中学语文教学概论[M].贵阳:贵州人民出版社,1994.

[8]刘永康,翟启明.中学语文教学论[M].成都:天地出版社,2001.

[9]钱加清.语文课程与教学论[M].济南:山东人民出版社,2008.

[10]邵红立.中学语文教学实践研究[M].成都:电子科技大学出版社,2015.

[11]沈红.语文课程与教学研究[M].沈阳:辽宁大学出版社,2009.

[12]苏立康.中学语文教学研究[M].北京:中央广播电视大学出版社,2003.

[13]王世群.中学语文教学艺术100招[M].重庆:重庆出版社,2006.

[14]王昱华,徐洪岩.中学语文教学探索[M].成都:电子科技大学出版社,2015.

[15]闫祯.中学语文教学法新编[M].武汉:华中师范大学出版社,2007.

[16]于亚中,李家珍.中学语文教学概论[M].西安:陕西人民教育出版社,1985.

[17]张鸿苓，张锐.中学语文教学[M].北京：光明日报出版社，1987.

[18]郑勇.中学语文教学论析[M].北京：中国书籍出版社，2016.

[19]朱绍禹.中学语文课程与教学论[M].长春：东北师范大学出版社，2006.

[20]朱正茂.中学语文感悟式教学法的探索与实践[M].芜湖：安徽师范大学出版社，2020.

[21]曹丽君.中学英语阅读教学中传统文化意识的培养策略研究[J].校园英语，2020(44)：115-116.

[22]陈燕琴.中学语文教育乡土元素与乡土意识培养现状研究[J].智力，2020(31)：77-78.

[23]段萍.基于学生核心素养培养的中学语文阅读教学研究[J].课程教育研究，2020(44)：104-105.

[24]胡楗.教学做合一思想下的初中语文教学分析[J].文理导航(上旬)，2021(06)：7，9.

[25]黄秀萍.初中语文景物描写教学的策略[J].广西教育，2020(41)：100-101.

[26]金明同.新课标背景下语文群文阅读教学策略探析[J].高考，2021(17)：67-68.

[27]李东平，赛汗托娅.人工智能在语文阅读教学中的应用策略[J].文学教育(上)，2021(05)：122-123.

[28]李东平，王晓慧.中学语文整本书阅读现状及对策[J].文学教育(下)，2021(05)：106-107.

[29]李莉.情感教育在初中语文作文教学中的应用[J].知识文库，2021(12)：147-148.

[30]李心定.浅析初中语文个性化阅读教学[J].试题与研究，2020(31)：81-82.

[31]李永贵.以培养学生核心素养为导向的初中语文教学研究[J].试题与研究，2020(31)：168-169.

[32]梁莉，刘学研.立足文本　双轮驱动——关于初中语文“非连续性文本”阅读教学的思考[J].智力，2020(31)：99-100.

[33]刘传平.高中语文写作教学分析[J].新课程教学(电子版)，2020(20)：20-21.

[34]刘青华.初中语文作文教学的有效开展方法[J].求知导刊，2021

(22):50-51.

[35]马红艳.浅析中学语文教学中的情感教育[J].中学课程辅导(教师通讯),2020(21):66-67.

[36]马荣."互联网+"给中学语文写作教学带来的机遇[J].课外语文,2020(31):129-130.

[37]荣维东.语文课程属性的迷思与出路[J].语文教学通讯,2020(31):12-16.

[38]宋育宏.语文实施分层教学指导的做法[J].高考,2021(17):25-26.

[39]王兴袖.浅谈初中语文生活化教学的策略[J].考试周刊,2021(43):45-46.

[40]吴琴.基于互联网环境下的初中微作文教学探析[J].课外语文,2020(31):135-136.

[41]武洪建.初中语文作文生活化教学策略初探[J].读写算,2020(31):121-122.

[42]武玥.初中语文古诗词吟诵教学节律探究[J].教学与管理,2021(18):80-82.

[43]徐其庭.立足核心素养提升中学语文教学实效[J].考试周刊,2021(40):63-64.

[44]徐晴.浅谈思维导图在初中语文群文阅读中的运用策略[J].考试周刊,2021(43):49-50.

[45]许翠萍.关于初中语文诗歌意象教学的策略探究[J].启迪与智慧(中),2021(05):90.

[46]杨鸿英.基于核心素养的语文阅读教学现状与对策分析[J].甘肃教育,2020(21):152-153.

[47]杨九民.中学语文写作课程教学模式创新研究[J].课外语文,2020(31):115-116.

[48]杨耀.情境教学构建初中语文高效课堂的思考[J].启迪与智慧(中),2021(05):4.

[49]张薇.提高中学语文课堂教学趣味性策略探究[J].发明与创新(职业教育),2021(05):186,191.

[50]张雪娟.有效性提问在初中语文课堂教学中的应用策略[J].天津教育,2021(15):134-135.

[51]赵思萌."朱子读书法"在中学语文教学中的运用策略[J].今古文创,2021(18):101-102.

[52]赵燕.试析如何构建初中语文高效课堂[J].求知导刊,2021(22):36-37.

[53]郑美林.英语阅读教学中词汇和句子教学的问题及对策分析[J].高考,2021(18):89-90.

[54]郑永红.信息技术在语文教学中的应用研究[D].扬州大学,2020.

[55]仲伟号.初中语文教学中的课外阅读初探[J].课外语文,2020(31):8-9.

[56]仲伟号.新时期初中语文作文教学中的德育渗透[J].吉林教育,2020(31):21-22.

[57]周梅.生活化语文教学 开辟育人新路径[J].中学教学参考,2020(33):28-29.

[58]朱雨楠."课程思政"视域下中学语文教学实践策略[J].知识文库,2021(12):132-133.